食色

식과 색에 대한 지혜의 문장들

紳言

식색신언: 식과 색에 대한 지혜의 문장들

발행일 초판 1쇄 2021년 11월 10일 | **지은이** 용준 | **옮긴이** 박동욱
펴낸곳 북드라망 | **펴낸이** 김현경 | **주소** 서울시 종로구 사직로8길 24 1221호(내수동, 경희궁의아침 2단지)
전화 02-739-9918 | **이메일** bookdramang@gmail.com

ISBN 979-11-90351-99-7 03100

책으로 여는 지혜의 인드라망, 북드라망 **www.bookdramang.com**

食 식 色 색

식과 색에 대한 지혜의 문장들

紳 신 言 언

용준 지음 · 박동욱 옮김

티
BookDramang
북드라망

목차

3부 금주하라

❹부 금욕하라

5부 청정하라

머리말

박사논문을 이용휴李用休(1708~1782)란 작가를 가지고 썼다. 그의 문집을 보다가 우연치 않게 『식색신언』食色紳言이란 책에 붙인 발문跋文을 읽게 되었다. 저자의 행적조차 확인하기 어려운 책이었다. 호기심에 이 책을 구해서 읽다가 보니 내용이 흥미로웠다. 새벽에 출근하면 일과로 조금씩 시간을 정해 번역을 시작했다.

책의 내용은 크게 식욕食慾과 성욕性慾의 절제에 대한 것이다. 식욕에 관한 내용들은 대개 음식을 위해 무분별한 살생을 하지 말라는 권고, 함부로 술을 마시지 말고 절주節酒나 금주禁酒를 실천하라는 경계, 살아 있는 생물들을 죽이지 말고 놓아주라는 방생放生에 대한 권유 등으로 이루어져 있다. 간혹 몬도가네들의 흥미로운 이야기들이 나오기도 했다. 성욕에 관한 내용들은 건강과 예절을 위해 금욕에 대한 실천과, 음욕과 정욕에 빠지지 말고 청정한 삶을 살라는 경계로 채워져 있다. 무엇보다도 지나친 성에 대한 탐닉이 가져다주는 파멸의 경고가 인상적이었다.

현대는 식색의 욕망을 무차별적으로 발산하는 시대다. 먹방을 다룬 프로그램들이 지금처럼 넘쳐나던 시대도 없었다. 맛난 것을 찾아서 지나치게 먹어대고, 그러느라 찐 살들을 빼느라 다이어트에 열중한다. 몸과 정신 어느 것이 일방적으로 우위에 있지는 않다. 그러나 때로는 몸에 대한 지나친 관심이 정신의 빈곤으로 이어지는 것은 아닌지 반성해 볼 때도 되었다. 전 시대에 비해서 성에 대해서도 놀랄 만큼 개방된 사고를 한다. 남들의 성경험을 듣는 것도 쉬워졌고 자신의 성경험을 말하는 것도 어색하지 않게들 생각한다. 그렇지만 그릇된 성의식이나 성취향에 빠져서 패가망신하는 경우도 심심치 않게 보게 된다.

식욕과 성욕에 대해서 한껏 누리는 것이 행복한 길일까? 아니면 적당히 통제하며 사는 것이 행복한 길일까? 식색의 욕망들은 언제나 발산과 절제의 갈림길에서 선택을 요구받아 왔다. 지금 이 시대는 지나치게 식색의 욕망을 발산하는 길로만 가고 있다. 이제 한번쯤 식색의 절제에도 관심을 돌릴 때가 되었다. 욕망의 발산은 진정한 자유와 행복을 향한 반대 방향에 위치해 있다.

지난 3월부터 1일 1식을 실천하고 있다. 하루에 한 끼 점심만 먹는다. 하루 종일 배고픔과 싸우느라 처음에는 몹시 힘들었다. 하지만 어느 순간부터 공복空腹이 주는 헛헛함이 과식이 주는 포만감보다 낫다는 사실을 느꼈다. 두 달 만에 12kg을 감량하고 6월에는 프로복서 테스트에 나가서 통과했다. 건강 검진 결과는 10년 동안 가장 좋은 몸 상태를 보여 주었다. 아직까지도 매일 1일 1식을 하고 매일 1시간 30분씩 복싱을 한다. 몸이 허락하는 한 계속하고 싶다.

더블B 복싱 체육관 한부철 관장님과 만난 지 벌써 7년이 되었다. 1년에 서너 번 술잔을 기울인다. 매일 보다시피 하면서도 체육관에서 만나면 누가 먼저랄 것도 없이 그날 있었던 일들을 함께 나눈다. 관장님은 나의 스승이며 친구가 되었다. 그동안 나에게 누구보다 큰 위로가 되어 주었다. 이 자리를 빌려 감사하다는 말을 전한다. 때로는 삶이 고아孤兒 같다는 생각이 든다. 그래서 강해지기도 하지만 그래서 외롭다. 외롭지만 강하게 인생을 살아갈 뿐이다.

2021년 9월 14일
저자가 쓴다.

1부

절제하는 삶

1

모든 것은 정해 놓은 분수가 있다

듣자니 지인至人이 말하였다. "인생에서 옷과 음식과 재물과 녹
봉은 모두 정해진 분수가 있다. 만약에 절약하는 생활을 하여서
욕심을 부리지 않으면 곧 수명을 연장시킬 수 있게 되고, 사치를
지나치게 추구하다가 다 써버리게 되면 죽게 되는 것이다." 비
유하자면 돈 1천 전이 있을 때에 날마다 100전씩을 쓰면 열흘은
누릴 수 있고 날마다 50전씩 쓰면 20일은 누릴 수 있게 된다. 하
지만 만약에 흥청망청 낭비하다가는 당장에 망하게 된다. 1천
전이나 되는 큰 돈을 하루에 다 쓴다면 어찌 두렵지 않겠는가.

어떤 이가 말하였다. "사치를 해도 장수하는 것은 어째서인가?
대개 삶의 명수命數가 많은 데에 해당해서이니, 만약에 더욱 청
렴하고 검소하게 산다면 더 장수하게 될 것이다."

聞至人云:"人生衣食財祿皆有定數, 若儉約不貪, 則可延壽,
문 지 인 운   인 생 의 식 재 록 개 유 정 수 약 검 약 불 탐   즉 가 연 수
奢侈過求, 受盡則終." 譬如有錢一千, 日用一百, 則可十日, 日用五十,
사 치 과 구 수 진 즉 종   비 여 유 전 일 천 일 용 일 백   즉 가 십 일 일 용 오 십

可二十日. 若恣縱貪侈, 立見敗亡. 一千之數, 一日用盡, 可不畏哉!"
가 이 십 일 약 자 종 탐 치 입 견 패 망 일 천 지 수 일 일 용 진 가 불 외 재

或曰 "奢侈而壽長者何也? 蓋當生之數多也. 若更廉儉, 則愈長也."
혹 왈 사 치 이 수 장 자 하 야 개 당 생 지 수 다 야 약 갱 염 검 즉 유 장 야

【평설】 이 책의 원명은 『식색신언』食色紳言이다. 명明나라 때 사람 용준龍
遵이 편찬했다. 호가 개춘거사開春居士라고 나오는데, 그 외 자세한 행적은
확인할 수 없다. 이 책은 식욕과 성욕을 절제하라는 내용을 담고 있다.

인생에서 사용될 모든 것은 정해진 분수가 있다. 당장에 누리고 있는 것이
평생토록 지속되지는 않는다. 그러나 사람들은 나중 일은 접어 둔 채 지
금 당장 모든 것을 소진하기를 주저하지 않는다. 자신의 능력을 적정치까
지 사용하는 것이 아니라 한계치까지 사용하다 보면, 결국에는 몸이나 정
신이 더 이상 버티지 못하게 된다. 결국 번아웃 증후군도 이렇게 발생하는
것이다. 그러니 재물이나 능력도 아끼지 않을 수 없다. 어떤 이는 의문을
가져 이런 질문을 한다. 사치를 했는데도 장수를 하는 사람도 있지 않은
가? 그 사람은 원래 수명을 길게 타고난 사람이었다. 만약에 검소하게만
살았다면 더더욱 장수를 누렸을 텐데, 제 수명을 깎아 먹은 셈이다.

2
음식을 줄이자

소동파가 황주黃州에 있을 때에 일찍이 다음과 같은 글을 썼다. "지금 이후로는 하루 동안 먹고 마시는 것은 술 한 잔과 고기 한 덩어리에 불과할 것이다. 어떤 귀한 손님이 있어서 상을 더 차린다고 하더라도 여기에서 세 배 이상은 하지 않을 것이니, 그보다 덜할 수는 있지만 더할 수는 없다. 나를 초대하는 자가 있으면 미리 이 다짐을 귀띔해 준다. 그렇게 하면 첫째는 분수를 지키니 복을 기를 수 있고, 둘째로는 위장을 넉넉하게 하니 기운을 기를 수 있으며, 셋째로는 낭비를 삼가니 재물을 불릴 수 있을 것이다."

東坡居士在黃州, 嘗書云: "自今以往, 早晚飲食, 不過一爵一肉.
동 파 거 사 재 황 주 상 서 운 자 금 이 왕 조 만 음 식 불 과 일 작 일 육

有尊客則三之, 可損不可增.
유 존 객 즉 삼 지 가 손 불 가 증

召我者預以此告: 一曰: 安分以養福; 二曰: 寬胃以養氣; 三曰:
소 아 자 예 이 차 고 일 왈 안 분 이 양 복 이 왈 관 위 이 양 기 삼 왈

省費以養財."
생 비 이 양 재

【평설】 방송에서도 먹방이 유행이다. 유사 이래로 먹는 것에 이 정도로 관심을 쏟았던 때도 드물다. 무엇이든 결핍보다는 과잉이 문제인 세대가 되었다. 소식小食이 과식過食보다 좋다는 사실이야 상식처럼 알고 있지만 막상 실천하려 하면 그리 쉽지 않다. 이 글은 소식蘇軾의 「절음식설」節飮食說이라는 제목으로 알려져 있다. 어느 날 그는 하루 동안 술 한 잔과 고기 한 덩어리만 먹을 것을 다짐한다. 손님을 대접하는 경우는 자신의 기준을 그대로 적용할 수는 없지만 자신의 기준보다 세 배 넘게는 하지 않았다. 또 자신을 초대하는 사람에게도 이러한 기준을 미리 알려주어 음식을 지나치게 차리느라 고생하지 않게 했다. 이런 일을 실천을 하다 보면 복도 원기도 재물도 자연스레 얻을 수 있다. 라면 회사로 알려진 삼양三養의 회사 이름은 이 말에서 따온 것이다.

3
모든 병은 음식에서 생긴다

부처님이 말하였다.

"느끼는 것이 곧 공空이니 (느끼는 것은) 괴로움을 느끼고 즐거움을 느낀 것과 아울러 일체를 수용함을 말하는 것이다. 식사를 할 때에 몇 가지 반찬을 늘어놓았으나 수저를 놓으면 곧바로 공空인 것과 같은 것이다."

경전에서 일렀다.

"만약에 먹는 것이 충분했는데도 다시 억지로 먹는 것은 기력을 더하는 것이 아니라, 다만 그 근심을 늘리는 것이니 이런 까닭으로 무절제한 식사를 하지 않아야 한다."

또 경전에서 일렀다.

"404가지나 되는 병은 자고 먹는 것이 근본이 된다."[1]

"병을 얻게 되면 먼저 먹을 것을 줄이는 것이 마땅하다."

단제선사斷際禪師[2]가 말하였다. "분별의 양식[識食]이 있고 지혜의 양식[智食]이 있다. 네 개의 원소로 만들어진 몸은 굶주림과 상처

가 걱정거리인데, 알맞게 영양을 공급해서 집착을 생기지 않게 하는 것을 일러서 지혜의 양식[智食]이라 하고, 제멋대로 맛에 취해 함부로 분별을 내어, 입에 맞는 것을 구하기가 어려우면서도 싫어하여 버릴 줄 모르는 것을 분별의 양식[識食]이라 이른다."

佛言受卽是空, 謂受苦受樂, 及一切受用也. 如食列數味,
불 언 수 즉 시 공 위 수 고 수 락 급 일 체 수 용 야 여 식 렬 수 미

放箸卽空矣.
방 저 즉 공 의

經云: "若食足矣, 更强食者, 不加色力, 但增其患,
경 운 약 식 족 의 갱 강 식 자 불 가 색 력 단 증 기 환

是故不應無度食也."
시 고 불 응 무 도 식 야

"四百四種病, 宿食爲根本." "凡當得病, 先宜減食."
사 백 사 종 병 숙 식 위 근 본 범 당 득 병 선 의 감 식

斷際禪師曰: "有識食, 有智食. 四大之身, 饑瘡爲患, 隨順給養,
단 제 선 사 왈 유 식 식 유 지 식 사 대 지 신 기 창 위 환 수 순 급 양

不生貪著, 謂之智食;
불 생 탐 저 위 지 지 식

恣情取味, 妄生分別, 唯求適口, 不生厭離, 謂之識食."
자 정 취 미 망 생 분 별 유 구 적 구 불 생 염 리 위 지 식 식

【평설】단제선사斷際禪師는 지혜의 양식[智食]과 분별의 양식[識食]에 대해

---

1 『대지도론』(大智度論)에 나온다.
2 단제선사(斷際禪師): 희운(希運, ?~850)을 가리킨다. 당나라의 선승(禪僧). 시호가 단제(斷際)라 황벽(黃檗) 단제선사로 불렸다. 저서에 『황벽산단제선사전심법요』(黃檗山斷際禪師傳心法要) 1권이 있다.

말한 바 있다. 지혜의 양식이란 몸에 알맞게 영양을 공급하는 것이고, 분별의 양식이란 입에 당기는 대로 음식을 먹는 것을 말한다. 그중 어느 것이 몸에 좋을지는 말할 필요도 없다.

먹는 것이 모두 독이란 말이 있다. 당연히 덜 먹는 것이 더 먹는 것보다 좋다. 그러나 이 평범한 상식을 지키는 것은 말처럼 쉽지 않다. 음식을 과잉 섭취하면 비만이나 성인병에 걸리기 십상이다. 사실 삶에 있어서 먹는 낙이 커다란 부분을 차지하지만 그렇다고 먹는 것만이 주가 되는 삶은 그야말로 식충食蟲과 다를 바 없다.

4

밥값을 하지 못하면 잠을 못 이룬다

범중엄范仲淹 공公이 말하였다. "내가 밤에 잠자리에 들 때에는 하루 동안 음식에 들어간 비용과 한 일을 스스로 따져보고 과연 음식에 들어간 비용과 한 일이 걸맞으면 곧바로 코를 드르렁 드르렁 골면서 잠을 푹 잤다. 그러나 간혹 그렇지 않으면 밤새껏 편안히 잠을 이루지 못하고 다음 날 반드시 보충할 것을 구하였다."

范文正公曰: "吾夜就寢, 自計一日食飮奉養之費, 及所爲之事,
범 문 정 공 왈   오 야 취 침 자 계 일 일 식 음 봉 양 지 비 급 소 위 지 사

果相稱則鼾鼻熟寐.
과 상 칭 즉 한 비 숙 매

或不然則終夕不能安眠, 明日必求所以補之者."
혹 불 연 즉 종 석 불 능 안 면 명 일 필 구 소 이 보 지 자

【평설】 범중엄은 명재상의 표상이었던 인물로 송나라의 개혁을 이끌었다. 그는 『악양루기』岳陽樓記에서 "먼저 천하의 근심거리를 근심하고, 천하가 태평

해진 다음에 마음을 놓는다"는 유명한 말을 남긴 바 있다. 또, 그는 권세에 아부하지 않았으며, 직언을 하다가 세 차례나 귀양 가기도 했다.

잠이 들기 전에 곰곰이 생각해 본다. 오늘 나는 무엇을 하였고 어떤 것을 먹었던가. 별반 특별하게 한 일도 없었는데 지나치게 먹고 마셨던 일들이 자꾸 떠오른다. 그야말로 식충食蟲이란 생각이 퍼뜩 든다. 이런 생각에 잠을 들 수 없는 건 그래도 부끄러움이 있기 때문이다. 아무런 반성도 없이 먹는 데에만 정신을 파는 일은 흔히 볼 수 있다. 이런 삶이야말로 살기 위해서 먹는 것이 아니라, 먹기 위해 사는 것이나 다를 바 없다. 오늘은 이미 지나가 버렸지만 내일은 정말 밥값을 하겠다는 다짐을 한다.

5

음식을 가리지 말라

범충范冲³의 좌우명座右銘에 말하였다. "모든 음식을 먹을 때에는 가려서 취하고 골라서 버려서는 안 된다."

范冲座右戒曰: "凡喫飮食, 不可揀擇去取."
범 충 좌 우 계 왈   범 끽 음 식 불 가 간 택 거 취

【평설】 이 글은 『소학』 「가언」과 『명심보감』에 나온다. 범충은 14항목으로 하지 않을 행동을 정리했는데 위의 것은 그중 12번째 항목이다. 음식은 감사한 마음으로 나오는 대로 먹어야지 편식을 해서는 곤란하다. 남의 눈에도 보기에 안 좋고 본인의 건강에도 해롭다.

---

3 범충(范冲, 1067~1141): 송나라 성도(成都) 화양(華陽) 사람. 자는 원장(元長)이고, 범조우(范祖禹, 1041~1098)의 아들이다. 고종(高宗) 때 사관으로 『신종실록』(神宗實錄) 등을 편찬했다.

6

입과 배는 끊임없이 원한다

이약곡李若谷이 장사성長社省의 현령縣令이 되었을 때에, 날마다 백 전을 벽에다 매달아 놓고 다 쓰면 그만두었다. 또, 동파東坡가 제안齊安: 지금 호북성(湖北省) 황강현(黃岡縣)인 황주(黃州)를 가리킨다에 유배 갔을 때에는 날마다 쓴 것이 백오십 전에 지나지 않았으니 대나무 통에다 두었다가 다 쓰지 못한 것은 손님을 접대하였다. 소동 파의「이공택에게 주는 편지」與李公擇書에서 이르기를 "입과 배가 원하는 것이 어찌 끝이 있겠는가? 매번 절약하고 검소하는 것만 이 또한 복을 아끼고 수명을 늘리는 방법이 된다"라고 했다.

李若谷爲長社令, 日懸百錢於壁, 用盡卽止. 東坡謫齊安,
이 약 곡 위 장 사 령 일 현 백 전 어 벽 용 진 즉 지 동 파 적 제 안

日用不過百五十, 以竹筒貯, 不盡者待賓客.
일 용 불 과 백 오 십 이 죽 통 저 부 진 자 대 빈 객

「與李公擇書」云: "口腹之欲, 何窮之有. 每加節儉,
여 이 공 택 서 운 구 복 지 욕 하 궁 지 유 매 가 절 검

亦是惜福延壽之道."
역 시 석 복 연 수 지 도

【평설】 입과 배가 욕구하는 것을 채우려면 한정이 없으니 억만금을 쓰더라도 부족할 판이다. 쓸 수 있는 한도의 돈을 정해 놓고 규모에 맞게 쓰면 된다. 자신이 감당할 수 없는 수준으로 소비를 하다가는 패가망신하기 쉽다. 돈에 사람의 소비를 맞추어야지 욕망에 사람의 소비를 맞추면 안된다는 말씀이다.

---

4 이약곡(李若谷): 송(宋)나라 서주(徐州) 사람으로 자는 자연(子淵), 시호는 강정(康靖)이다. 장사현위(長社縣尉)·강녕지부(江寧知府) 등을 거쳐 참지정사(參知政事)에 이르렀다. 천성이 단정하고 치민(治民)의 지각이 많았다. 『송사』(宋史) 권(卷)191, 「이약곡열전」(李若谷列傳) 참고.

7

가난한 날을 잊지 말라

정형중鄭亨仲이 말하였다.

"나는 평생토록 가난하여 괴로웠다. 늘그막에 과거에 급제하여 흡족한 기분을 점차 느꼈다가 곧바로 뜻밖의 화를 당했다. 지금 장자소張子韶5의 법을 배워 보니, 지난날 소박한 음식의 좋은 맛이 매우 오랫동안 간다는 것을 보게 되었다."

鄭亨仲曰: "吾平生貧苦, 晩年登第, 稍覺快意, 便成奇禍.
정 형 중 왈 오 평 생 빈 고 만 년 등 제 초 각 쾌 의 변 성 기 화
今學張子韶法, 要見舊齋鹽風味甚長久."
금 학 장 자 소 법 요 견 구 제 염 풍 미 심 장 구

【평설】 평생토록 가난하여 마음속에 울분과 설움이 있었다. 늦은 나이에 과거에 급제하자 그동안의 불우不遇에 앙갚음이라도 하듯 들뜬 마음으로 호사를 누려 보았다. 그러나 행복(?)은 오래가지 못했다. 예기치 않은 화를 당해서 다시 나락으로 떨어졌다. 지금에 와서 찬찬히 장자소의 일들을

살펴보니 소박한 생활이야말로 오래 행복할 수 있는 첩경임을 알게 되었다. 물질적인 풍요로움은 인간을 일시적으로 편하게 만들어 줄 수 있을지언정, 오래도록 행복감을 가져다주지 않는다는 평범한 진리를 재확인하게 된다.

5 장자소(張子韶): 자소(子韶)는 장구성(張九成, 1092~1159)의 자이다. 남송 항주(杭州) 전당(錢塘) 사람. 호는 횡포거사(橫浦居士) 또는 무구거사(無垢居士)며, 시호는 문충(文忠)이다. 경학(經學)에 전념하여 많은 훈해(訓解)를 남겼다. 저서에 『횡포심전』(橫浦心傳)과 『횡포일신』(橫浦日新), 『맹자전』(孟子傳), 『중용설』(中庸說) 등이 있다.

8

범순인의 아름다운 삶

범충선공范忠宣公, 范純仁은 평생을 스스로 음식을 챙겨 먹을 때에 여러 종류의 고기가 없었고, 맛 좋은 음식과 거친 음식을 가리지 않았으며, 매번 관아에서 퇴청하여서는 짧은 갈옷으로 바꾸어 입는 것을 모두 일상적인 것으로 여겼다. 젊어서부터 늙을 때까지 낮은 관직으로부터 높은 관직에 이르기까지 한결같이 하였다. 친족의 자제들 중에 가르침을 청하는 자가 있게 되면 공이 말하였다.

"오직 검소한 것만이 청렴함을 도울 수가 있게 되고, 오직 용서[恕]하는 것만이 덕을 이룰 수가 있다."

范忠宣公平生自奉養無重肉, 不擇滋味粗糲糲, 每退食自公,
범 충 선 공 평 생 자 봉 양 무 중 육 불 택 자 미 조 추 려 매 퇴 식 자 공
易衣短褐, 率以爲常.
역 의 단 갈 솔 이 위 상
自少至老, 自小官至大官如一.
자 소 지 로 자 소 관 지 대 관 여 일
親族子弟有請教者, 公曰:"唯儉可以助廉, 唯恕可以成德."
친 족 자 제 유 청 교 자 공 왈 유 검 가 이 조 렴 유 서 가 이 성 덕

【평설】 관리의 청렴함은 언제나 강조되는 말이지만 청렴한 관리는 흔히 만나 볼 수 없다. 범순인은 먹고 마시는 것에는 관심이 없었다. 단출한 식사와 소박한 옷차림은 언제나 그의 트레이드마크였다. 그것도 하위직에 머물러 있을 때만 그런 것이 아니라 고위직에 올라서도 그런 행동에는 변함이 없었다. 일가의 자제들이 그를 찾아오면 검소와 용서를 강조했다. 한평생 청렴을 실천한 지식인다운 일갈이다.

9
장열의 소박한 생활

장장간張莊簡6 공은 성품이 평소에 청렴하고 검약했다. 풍속이 사치스러운 것을 보면 더욱 절약과 검소를 중시해서 그것으로써 자손들을 거느렸다. 병풍 사이에 다음과 같이 썼다. "손님이 오면 밥을 남겨 두는데 아껴 쓰는 것을 실정에 맞게 하여 안주는 있는 대로 베풀고, 술은 주량에 따라서 따라 준다. 비록 새로 사돈이 된 사람이라도 떡 벌어지게 차리지 않고, 비록 대단한 손님이라도 동물을 잡지 않는다. 이렇게 하면 다만 사치를 경계하여 오래갈 수 있을 뿐만이 아니라, 또한 장차 마음을 괴롭히는 것을 면하여 편안하게 생활할 수 있다."

張莊簡公, 性素淸約. 見風俗奢靡, 益崇節儉, 以率子孫. 書屛間曰:
장 장 간 공 성 소 청 약 견 풍 속 사 미 익 숭 절 검 이 솔 자 손 서 병 간 왈
"客至留饌, 儉約適情, 殽隨有而設, 酒隨量而傾. 雖新親不擡飯,
객 지 류 찬 검 약 적 정 효 수 유 이 설 주 수 량 이 경 수 신 친 부 대 반
雖大賓不宰牲. 匪直戒奢侈而可久, 亦將免煩勞以安生."
수 대 빈 부 재 생 비 직 계 사 치 이 가 구 역 장 면 번 로 이 안 생

【평설】 이 글은 허균許筠의 『한정록』閑情錄에도 실려 있는데 출전은 『공여일록』公餘日錄이라 나온다. 장열은 자손들에게 절약과 검소를 강조하며 글을 남겼다. 손님이 온다 하더라도 무리해서 식사를 준비하지 않았다. 있는 밥을 내오고 형편껏 마련한 안주를 차렸으며 넉넉하게 술을 따라 줬다. 그러한 규칙은 어느 누구라도 예외가 없었다. 갓 사돈이 된 사람이나 대단한 명망가라도 여기서 크게 벗어나지 않았다. 형편껏 하지 않으면 그것이 허례허식虛禮虛飾이 된다. 호들갑 떨지 말고 있는 그대로 손님을 대접하라는 말씀이다.

---

6 장장간(張莊簡): 장간(莊簡)은 장열(張悅, 1426~1502)의 시호. 명나라 송강부(松江府) 화정(華亭) 사람으로, 자는 시민(時敏)이고, 호는 정암(定庵)이다. 저서에 『정암집』(定庵集)이 있다.

10

사치한 사람과 검소한 사람

왕증王曾⁷은 손충孫沖과 함께 같은 때 과거에 급제하였다. 손충이 서울에서 왕증을 알현하니 왕증이 손충을 머물게 하고 밥을 먹였다. 자제들을 단속하여 일렀다.

"벌써 손충을 서울에 머물게 하여 밥을 먹게 하였으니 만두를 마련하라."

만두가 당시에는 풍성하게 잘 차린 음식이었다. 공이 단속하여 마련하게 하였으니 집에서 예사롭게 먹는 밥이 아니라는 것을 알 수가 있다.

한억韓億⁸이 이약곡李若谷과 함께 여주汝州에서 여행을 하였다. 조태수가 이약곡을 청해서 문객으로 삼게 되자, 더욱 한억을 공경히 대우하여서 매번 한억이 오게 되면 사람들에게 돼지고기를 차려 오게 하였다. 이약곡이 항상 편지로 장난삼아 말하였다.

"고기 맛을 오랫동안 생각하게 되었으니 청컨대 형은 일찍 찾아오시오."

태수가 찾아오는 손님에게 예를 차리기는 했지만, 비록 돼시고기일지라도 항상 차려 오지는 않았으니 옛사람들이 절약하고 검소한 것이 이와 같았다. 지금은 만두와 돼지고기를 거친 음식으로 여겨서 일상적으로 사용하는 것은 어째서인가?

당唐나라 고시랑高侍郎[9]의 형제 세 사람은 모두 높은 관직에 있었는데 손님을 초대하는 경우가 아니면 고깃국과 고기 산적 등 두 가지 반찬 이상은 먹지 않았으며 저녁 식사에는 오직 무와 박나물만을 먹을 뿐이었다. 그래서 높은 관리들이 많이 나왔고 현달한 영화가 길고 오래도록 갔다.

두기공杜祁公[10]이 정승이 되어서 집에서 밥 먹을 적에 국수 한 그릇 밥 한 그릇뿐이었다. 타고난 성품이 청렴하고 검소해서 관청에 있을 때에도 관청의 촛불을 불사르지 않았고 기름 등불에 하나의 심지가 가물거려서 꺼지려고 하였는데 손님과 마주해서

---

7 왕증(王曾, 978~1038): 송나라 청주(青州) 익도(益都) 사람. 자는 효선(孝先). 여러 관직을 역임하고 후엔 기국공(沂國公)에 봉해졌으며 문장에 능하였다. 시호는 문정(文正)이며, 저서에 『왕문정공필록』(王文正工筆錄)이 있다.

8 한억(韓億, 972~1044): 진정(真定) 영수(靈壽) 사람으로 자는 종위(宗魏)이다. 북송(北宋) 시기의 관리이다. 여러 곳의 외직을 역임하면서 치적이 높았다. 시호는 충헌(忠獻)이다.

9 고시랑(高侍郎): 원문에는 고전(高錢)이라 되어 있지만 맏이 고익(高釴), 둘째는 고수(高鈇), 셋째는 고개(高鍇)였다. 고전이란 이름은 나오지 않으니 오기(誤記)로 보인다.

10 두기공(杜祁公): 두연(杜衍, 978~1057)을 가리킨다. 북송 월주(越州) 산음(山陰) 사람. 자는 세창(世昌)이고, 시호는 정헌(正獻)이다.

청담淸談을 나눌 따름이었다. 니이가 필십이 넘도록 장수하다가 끝내 길하였다.

이덕유李德裕는 사치하여서 한 그릇의 국에 돈 삼만 전을 허비하다가, 늘그막에 남쪽 변방에 유배를 당했다. 구래공寇萊公은 젊은 나이에 부귀하여서 기름 등불을 켜지 않았다. 밤에 연회를 열어 코가 삐뚤어질 때까지 마셔서 촛농이 무더기를 이루었다. 그러다가 늘그막에 남쪽 지방으로 유배가는 화가 있게 되었다. 사람들이 모두 사치에 대한 보복이라 말했으니 믿을 만하다. 어찌 오직 다만 신하뿐이겠는가.

천보天寶 연간에 황제의 친척들이 서로 다투어서 먹을 것을 올려서 진수성찬이 모두 모였다. 그러나 나라를 잃고서 궁궐을 나와 도망쳤다가 함양咸陽에 이르렀는데 한낮이 되어서도 밥을 먹지 못하였다. 양국충楊國忠[11]은 호떡을 사서 주고, 백성들은 거친 밥에다 보리와 콩을 섞어 주었으나, 황손皇孫은 손으로 움켜쥐기만 하고 배불리 먹지 못해서 울었다. 천자라도 음식을 낭비하는 일의 보복이 없을 수가 없는데 하물며 우리 보통 사람임에랴.

王公曾與孫沖同榜. 沖子京謁公, 公留吃飯. 飭子弟云;
왕 공 증 여 손 충 동 방 충 자 경 알 공 공 류 흘 반 칙 자 제 운

"已留孫京吃飯, 安排饅頭." 饅頭時爲盛饌矣.
이 류 손 경 흘 반 안 배 만 두 만 두 시 위 성 찬 의

公飭安排, 則非常家飯可知[12].
공 칙 안 배 즉 비 상 가 반 가 지

韓公億與李公若谷同遊汝州. 趙太守請李爲門客, 尤敬待韓. 每韓至,
한 공 억 여 이 공 약 곡 동 유 여 주 조 태 수 청 이 위 문 객 우 경 대 한 매 한 지

令設豬肉, 李常簡戲云: "久思肉味, 請兄早訪." 太守禮門客,
영 설 저 육 이 상 간 희 운 구 사 육 미 청 형 조 방 태 수 예 문 객

雖豬肉亦不常設, 古人節儉若此.
수 저 육 역 불 상 설 고 인 절 검 약 차

今以饅頭豬肉爲粗食, 恒用, 何哉?
금 이 만 두 저 육 위 조 식 항 용 하 재

唐高錢侍郞兄弟三人, 俱居淸列, 非速客不二羹胾. 夕飯惟食葡匏,
당 고 전 시 랑 형 제 삼 인 구 거 청 렬 비 속 객 불 이 갱 자 석 반 유 식 포 포

所以簪纓濟濟, 顯融久長.
소 이 잠 영 제 제 현 융 구 장

杜祁公爲相, 食于家, 一麪一飯, 天性淸儉, 在官不然官燭, 油燈一注,
두 기 공 위 상 식 우 가 일 면 일 반 천 성 청 검 재 관 불 연 관 촉 유 등 일 주

熒然欲滅. 對客淸談而已. 故年逾八旬, 壽考終吉.
형 연 욕 멸 대 객 청 담 이 이 고 연 유 팔 순 수 고 종 길

李德裕奢侈. 一杯羹費錢三萬, 晩有南荒之謫.
이 덕 유 사 치 일 배 갱 비 전 삼 만 만 유 남 황 지 적

寇萊公少年富貴, 不點油燈, 夜宴劇飮, 燭淚成堆,
구 래 공 소 년 부 귀 부 점 유 등 야 연 극 음 촉 루 성 퇴

晩有南遷之禍. 人皆以爲奢報, 信矣. 豈惟臣哉!
만 유 남 천 지 화 인 개 이 위 사 보 신 의 기 유 신 재

天寶中貴戚相競進食, 珍羞畢集. 失國出奔, 至咸陽, 日中未食,
천 보 중 귀 척 상 경 진 식 진 수 필 집 실 국 출 분 지 함 양 일 중 미 식

楊國忠市胡餠, 民獻糲飯雜以麥豆,
양 국 충 시 호 병 민 헌 려 반 잡 이 맥 두

皇孫手掬, 未飽而泣. 天子不能無暴殄之報, 而況吾人乎.
황 손 수 국 미 포 이 읍 천 자 불 능 무 폭 진 지 보 이 황 오 인 호

---

11 양국충(楊國忠, ?~756): 당나라 중기의 재상. 그는 당나라 양귀비(楊貴妃)의 육촌오빠로, 현종(玄宗) 때 벼슬이 재상에 이르렀다. 안록산과의 반목으로 '안사의 난'을 자초하였다. 난이 일어나자 사천(四川)으로 달아나다가 군사에게 살해되었다.

12 본문에는 '非家常飯可知'로 되어 있으나 다른 문헌에는 '非常家飯可知'로 되어 있다. 여기서는 후자를 택하여 번역하였다.

【평설】 손님이 방문하면 평상시보다 음식에 신경을 쓰는 것은 인지상정이다. 그러나 왕증은 만두를, 조태수는 돼지고기를 손님들에게 대접하곤 하였다. 당시 만두와 돼지고기는 성찬盛饌에 속했다. 반면 고시랑 형제는 손님을 대접하는 경우가 아니면 단출하게 식사를 즐겨하였다. 두기공은 국수 한 그릇과 밥 한 그릇이면 충분히 만족했다. 이 두 사람 모두 살아생전 험한 꼴을 당하지 않고 영화를 누리다 삶을 마쳤다..

낭비를 하다 끝이 좋지 않은 인물들도 있었다. 이덕유는 국 한 그릇에 엄청난 돈을 허비하다가 유배를 떠났고 구래공은 촛불을 켜 놓고 밤새 놀다가 끝내 유배를 갔다. 절대 권력을 누린 사람이라고 예외는 아니어서 갖은 산해진미를 챙겨 먹었던 황손이 나라를 잃고 도망치다 끼니 걱정을 하는 신세로 전락했다.

먹는 것이나 입는 것에 낭비하는 것이야말로 미련한 짓이다. 좋은 음식도 늘 먹게 되면 입에 물리게 되고, 비싼 의복도 사는 순간에 잠깐 행복할 뿐 몸에 걸치고 나면 심드렁해진다. 이런 것들은 더더욱 인간을 공허하게 만들 뿐이다. 낭비는 작게는 집안을 크게는 나라를 망하게 만든다. 검소한 사람들은 늘 끝이 좋았고 사치한 사람들은 늘 끝이 안 좋았다. 사치는 부패와 긴밀히 연동되어 있다. 정상적이라면 누릴 수 없는 부가 비정상적인 상황에 놓일 때에 가능하게 된다. 그러한 부패는 단죄받게 되고 사치는 비극적으로 막을 내리는 것으로 끝난다.

음식은 가볍게 만남은 두텁게

사마온공司馬溫公: 사마광이 말하였다.

"아버지[13]께서 군목판관郡牧判官[14]이 되었을 때에 손님이 이르면 술상을 차려 대접하지 않은 적이 없었다. 더러는 세 순배나 다섯 순배를 돌리기도 하였지만, 일곱 순배를 넘지 않았다. 술은 시장에서 받아 왔고, 과일은 배, 밤, 대추, 감뿐이었다. 안주는 포, 젓갈, 나물국뿐이었고, 그릇은 자기瓷器나 칠기漆器였다. 당시의 사대부가 모두 그러하였다. 모임이 잦을수록 예는 깍듯하였고, 음식은 하찮으나 정은 두터웠다.

근래의 사대부 집에서 술은 궁중의 비법으로 빚은 술이 아니거나, 과일은 먼 지방에서 온 진귀한 것이 아니거나, 음식은 여러 가지 물품이 아니거나, 그릇이 상에 가득하지 않으면 감히 모임을 갖지 못하여서 일찍이 몇 개월 동안 장만하여 모은 뒤에야 편지를 보냈으니 풍속의 퇴폐함이 이와 같았다."

공이 낙양洛陽에 있을 때에 문로공文潞公: 문언박(文彦博), 범충선공范

忠宣公: 범순인(范純仁)의 시호과 진솔회真率會를 약속하였으니, 거친 밥 한 그릇과 술 몇 순배였다. 시에 이른다.

집안 형편 따라 있는 걸로 스스로 즐기니隨家所有自可樂

갖춘 것 변변찮다 뉘 가난타 비웃으리爲具更微誰笑貧

재산을 소중히 여기고 재물을 기르는 것은 교화에 보탬이 있는 것이 작지 않다.

司馬溫公言其先公爲郡牧判官, 客至未嘗不置酒. 或三行, 或五行,
사 마 온 공 언 기 선 공 위 군 목 판 관 객 지 미 상 불 치 주 혹 삼 항 혹 오 항

不過七行. 酒沽於市, 果止梨栗棗柿, 殽止脯醢菜羹, 器用瓷漆.
불 과 칠 항 주 고 어 시 과 지 이 률 조 시 효 지 포 해 채 갱 기 용 자 칠

當時士夫家皆然, 會數而禮勤, 物薄而情厚.
당 시 사 부 가 개 연 회 삭 이 예 근 물 박 이 정 후

近日士夫家酒非內法, 果非遠方珍異, 食非多品,
근 일 사 부 가 주 비 내 법 과 비 원 방 진 이 식 비 다 품

器皿非滿案, 不敢作會. 嘗數月營聚, 然後發書, 風俗頹弊如是.
기 명 비 만 안 불 감 작 회 상 수 월 영 취 연 후 발 서 풍 속 퇴 폐 여 시

公在洛文潞公范忠宣公約爲真率會, 脫粟一飯, 酒數行, 詩云
공 재 락 문 로 공 범 충 선 공 약 위 진 솔 회 탈 속 일 반 주 삭 항 시 운

13 여기서는 사마광(司馬光)의 아버지 사마지(司馬池)를 말한다. 사마지는 송(宋)나라 인종(仁宗) 때 사람으로 자는 화중(和中)이다. 그는 추밀사 조이용(曹利用)의 주달로 군목판관이 되었다.

14 군목판관(郡牧判官): 지방관의 속관(屬官)이다. 송(宋)나라 때에 군목사제치사(群牧司制置使)를 두었는데, 구목(廏牧: 말을 기르는 일)·마정(馬政)의 일을 관장하였다. 추밀사(樞密使)가 겸임하였다.

"隨家所有自可樂, 爲其畏儉誰笑貧." 惜富養財, 有補風化不小.
수 가 소 유 자 가 락 위 구 갱 미 수 소 빈   석 부 양 재 유 보 풍 화 불 소

【평설】 이 이야기는 허균의 『한정록』과 『소학』에 나온다. 사마온공(사마광)의 부친인 사마지는 검소한 사람이었다. 음식은 변변찮았지만 정은 두터웠다. 잘 차린 음식이 모임의 의미를 반드시 깊게 하지는 않는다. 이러한 아버지의 영향이었는지 사마광도 이와 다를 바 없었다. 벼슬을 그만두고 낙양에 있으면서 사마단司馬旦, 석여언席汝言, 왕상공王尙恭, 초건중楚建中, 왕근언王謹言, 송숙달宋叔達 등 일곱 사람으로 결성한 모임인 진솔회眞率會를 만들었다. 연령은 65세부터 78세까지이었는데 사마광이 가장 어렸다. 이 모임의 규칙은 술은 다섯 순배 이상을 돌리지 못하고 음식은 다섯 가지 이상을 넘지 못하도록 한 것이다. 사마광이 지은 「진솔회」眞率會 시에, "일곱 사람 나이 합쳐 500세가 넘었는데, 꽃 앞에 함께 취하니 고금에 드문 일이네. 말경주와 닭싸움은 우리가 즐기는 일 아니니, 모시옷에 흰 머리털이 서로 비추네"라고 하였다.

싫은 사람들과 아무리 좋은 음식을 먹어도 체하기 십상이니, 좋은 사람들과 정성껏 차린 음식 맛나게 먹으면 그뿐이다. 술자리에 마음에 맞는 사람만큼 좋은 안주는 없다.

12

하급관리에게 실망한 구여

구태연仇泰然15이 사명四明의 태수로 있을 때에 막하幕下의 관원 한 사람과 친하게 지냈다. 어느 날 그에게 물었다.

"공의 집에서는 날마다 쓰는 비용이 얼마나 되는가?"

그가 대답하였다.

"열 사람의 가족이 날마다 일천 전을 씁니다."

태연이 말하였다.

"어찌하여 그렇게 많은 돈을 쓰는가?"

그가 말하였다.

"아침에는 고기를 챙겨 먹고 저녁에는 나물국을 먹습니다."

태연이 놀라며 말하였다.

"나는 태수가 되었어도 평소에는 고기를 감히 먹지 못하고 다만 채소만을 먹는다. 그런데 공은 낮은 관리인데도 고기를 감히 먹으니 진정 청렴한 선비가 아니다."

라고 하고 이 뒤부터 소원하게 대하였다.

내가 일찍이 이르기를 절약하고 섬소하는 깃의 이익은 다만 한 가지뿐만은 아니다. 대체로 여색을 지나치게 밝히는 것은 사치에서 생기지 않는 것이 없다. 그러나 검소하면 욕심내지 않고 방탕하지 않게 되니 이로써 덕을 기를 수 있게 된다.

사람의 누리는 것은 스스로 한도가 있어서 절약하고 담박한 생활을 하면 오래도록 길게 갈 이치가 있으니 이로써 오래 살기를 꾀할 수 있게 된다.

눅진하게 취하고 배불리 고기를 먹으면 사람의 정신과 의지를 어둡게 한다. 만약에 거친 밥을 먹고 나물국을 먹으면 곧바로 장과 위가 깨끗하게 비어서 찌꺼기도 없고 더러운 것도 없게 되니 이로써 정신을 기를 수가 있는 것이다.

사치를 하게 되면 제멋대로 취하고 구차하게 구하게 되어서 의지와 정신이 낮고 욕스럽게 된다. 한결같이 검소하고 절약함을 따르면 남에게 구하는 것이 없고 자기에게 부끄러울 것이 없으니 이로써 기氣를 기를 수가 있는 것이다. 그러므로 노자가 이렇게 하는 것이 하나의 보배라고 여겼다.

仇泰然守四明, 與一幕官相得. 一日問及 "公家日用幾何?",
구 래 연 수 사 명 여 일 막 관 상 득 일 일 문 급 공 가 일 용 기 하

對曰: "十口之家, 日用一千."
대 왈   십 구 지 가 일 용 일 천

泰然曰: "何用許多錢?" 曰: "早具少肉, 晚菜羹."
태 연 왈 하 용 허 다 전   왈 조 구 소 육 만 채 갱

泰然驚曰: "某爲太守[16], 居常不敢食肉, 只是吃菜. 公爲小官,
태 연 경 왈 모 위 태 수   거 상 불 감 식 육 지 시 흘 채 공 위 소 관

乃敢食肉, 定非廉士." 自爾見疏.
내 감 식 육 정 비 렴 사 자 이 견 소

予嘗謂節儉之益, 非止一端.
여 상 위 절 검 지 익 비 지 일 단

大凡貪淫之過, 未有不生於奢侈者. 儉則不貪不淫, 是可以養德也.
대 범 탐 음 지 과 미 유 불 생 어 사 치 자 검 즉 불 탐 불 음 시 가 이 양 덕 야

人之受用, 自有劑量, 省嗇淡泊, 有久長之理, 是可以養壽也.
인 지 수 용 자 유 제 량 생 색 담 박 유 구 장 지 리 시 가 이 양 수 야

醉濃飽鮮, 昏人神志. 若疏食菜羹, 則腸胃淸虛,
취 농 포 선 혼 인 신 지 약 소 식 채 갱 즉 장 위 청 허

無滓無穢, 是可以養神也. 奢則妄取苟求, 志氣卑辱. 一從儉約,
무 재 무 예 시 가 이 양 신 야 사 즉 망 취 구 구 지 기 비 욕 일 종 검 약

則於人無求, 於己無愧, 是可以養氣也. 故老氏以爲一寶.
즉 어 인 무 구 어 기 무 괴 시 가 이 양 기 야 고 노 씨 이 위 일 보

【평설】 이 글은 허균의 『한정록』에도 일부가 실려 있다(『한정록』에서는 출전이 『저기실』楮記室이라 나온다). 전반부는 구여仇悆가 하급관리와 대화를 나누다가 하급관리의 사치스러운 생활을 알고서 그와 소원한 사이가 되었다는 이야기를 소개했다. 필자는 양덕養德, 양수養壽, 양신養神, 양기養氣의 네 가지를 강조했다. 양덕은 덕을 기르는 것이고, 양수는 병에 걸리지 않고 건강하게 오래 살도록 몸 관리를 잘하는 것이며, 양신은 정신을 보양하는 것이고, 양기는 몸과 마음의 원기를 기르는 것이다. 이것을 이루기 위해서는 사치를 경계하고 검소를 실천할 것을 주문하였다.

15 태연은 구여(仇悆)의 자.
16 원문에는 宋으로 되어 있는데 守의 오자로 보인다.

13

과식의 다섯 가지 근심, 불식의 다섯 가지 복

많이 먹는 사람은 다섯 가지의 괴로운 근심이 있다. 첫째는 똥을 자주 누는 것이고, 둘째는 오줌을 자주 누는 것이며, 세번째는 잠을 많이 자야 하고, 네번째는 몸이 무거워서 일을 할 수 없는 것이며, 다섯번째는 먹은 것이 소화가 되지 않는 것을 많이 걱정하는 것이니, 스스로 고제苦際:괴로움에 머무르는 것이다.

정오가 된 이후에 먹지 않으면 다섯 가지 복이 있게 된다. 첫째는 욕심이 없어지는 것이고, 두번째는 눕는 일이 적게 되는 것이며, 셋째는 마음을 한 곳에 집중할 수 있고, 넷째는 방귀를 뀌지 않으며, 다섯째는 몸이 편안하여 또한 중풍에 걸리지 않는다.

多食之人有五苦患. 一者大便數, 二者小便數, 三者饒睡眠,
다 식 지 인 유 오 고 환 일 자 대 변 삭 이 자 소 변 삭 삼 자 요 수 면
四者身重不堪修業, 五者多患食不消化. 自滯苦際.
사 자 신 중 불 감 수 업 오 자 다 환 식 불 소 화 자 체 고 제
日中後不食有五福, 一者滅欲心, 二者少臥, 三者得一心,
일 중 후 불 식 유 오 복 일 자 멸 욕 심 이 자 소 와 삼 자 득 일 심
四者無有下風, 五者身安穩, 亦不作風.
사 자 무 유 하 풍 오 자 신 안 온 역 불 작 풍

【평설】 식탐이 있는 사람은 똥과 오줌을 자주 누고 잠을 많이 잔다. 그러니 원초적인 문제에서 벗어날 수가 없다. 게다가 몸을 좀 추슬러서 일을 할라치면 몸은 무거워서 금세 지치고, 먹었던 것은 소화가 안 되어 더부룩하다. 몸의 컨디션이 항상 좋지 않으니 일에 능률도 오르지 않고 자신을 고양시키기도 힘들다. 그러니 많이 먹어서 좋은 것이라곤 단 하나도 없다. 반면 정오 이후에 먹지 않는 사람은 몸과 마음이 다 편안하다. 일단 몸이 편안해진다. 눕는 일이 없고 방귀도 나오지 않으며 중풍도 걸리지 않는다. 마음은 또 어떠한가. 욕심도 없어지고 마음은 집중이 더 잘 된다. 중후불식은 과오불식過午不食이라고도 하는데, 정오 이후에 아무것도 먹지 않는 것을 의미한다. 불가에서는 "아침밥은 천당의 밥이고 점심밥은 사람의 밥이며 저녁밥은 귀신의 밥이다"早飯是天食, 中飯是人食, 晚飯是鬼食라고 말한다. 식사를 하는 짧은 순간만 행복하고 오랜 시간 톡톡히 과식의 부담을 안아야 하며, 식사를 하지 않는 짧은 순간만 괴롭지만 오랜 시간 공복의 자유를 얻게 된다. 짧은 시간만 행복하고 오랜 시간 불행할 것인가? 아니면 짧은 시간만 괴롭고 오랜 시간 행복할 것인가?

14

소식의 이로움

윤진인尹眞人이 말하길 "세 가지 욕망은 식욕食慾, 수면욕[睡慾], 색욕色慾이다. 세 가지 욕망 가운데에서 식욕이 맨 근본이 된다. 배불리 먹으면 졸음이 쏟아지고 색욕이 일어난다. 3분의 2 정도의 밥을 먹는 데에 그치게 되면 호흡[氣息]이 자연스럽게 막힘이 없게 된다. ○굶주리면 양화陽火[17]를 낳아서 음정陰精[18]을 단련시키지만, 배불리 먹으면 정신을 상하게 해서 기가 오르지 않는다. ○아침에 좌선坐禪하고 저물녘에 좌선하며 뱃속에서 항상 어느 정도의 굶주림을 참아야 한다."

尹眞人曰: "三慾者, 食慾. 睡慾. 色慾. 三慾之中, 食慾爲根.
윤진인왈 삼욕자식욕수욕색욕삼욕지중식욕위근

喫得飽則昏睡, 多起色心.
끽득포즉혼수다기색심

止可喫三二分飯, 氣候自然順暢. ○飢生陽火煉陰精,
지가끽삼이분반기후자연순창 기생양화련음정

食飽傷神氣不升. ○朝打坐, 暮打坐, 腹中常忍三分餓."
식포상신기불승 조타좌모타좌복중상인삼분아

【평설】 윤진인尹眞人은 도교의 수련 방법을 정리한 『성명규지』性命圭旨란 책을 쓴 인물로 알려져 있다. 식욕과 수면욕, 색욕은 가장 기본적이면서도 무서운 욕구이다. 이 셋 중에서 굳이 근본이 되는 것을 하나 꼽자면 식욕을 들 수 있다. 식욕을 통제하지 못하면 연쇄적으로 수면욕과 색욕도 통제하지 못하는 상황에 처하게 된다. 도교의 내단술을 실천하기 위해서는 배고픔을 참아야 한다. 배부른 도인道人이란 없으니 적게 먹어야 도인이 될 수 있다. 자신의 욕구에만 충실하면서 큰 일을 이룬 사람은 있지 않다.

---

17 양화(陽火): 양(陽)에 속한 화(火). 일반적으로 심화(心火)를 말한다. 일부 옛 의학서에는 온병(溫病)의 기분병(氣分病) 때 사열(邪熱)이 왕성한 것을 양화라 하였다. 음화(陰火)에 상대되는 말이다.
18 음정(陰精): 음양(陰陽) 중(中)의 음의 정기(精氣).

2부
살생하지 말라

15

아무 때나 동물을 살생하지 않는다

『예기』에 말하였다. "임금이 제사나 빈객을 대접할 일이 없으면
소를 잡지 않고, 대부가 제사나 빈객을 대접할 일이 없으면 양을
잡지 않으며, 선비는 제사나 빈객을 대접할 일이 없으면 개와 돼
지를 잡지 않는다. 군자는 푸줏간과 부엌을 멀리하여 살아 있는
동물은 몸소 죽이지 않는다."

『禮記』曰: "君無故不殺牛, 大夫無故不殺羊, 士無故不殺犬豕.
예 기 왈   군 무 고 불 살 우 대 부 무 고 불 살 양 사 무 고 불 살 견 시
君子遠庖廚, 血氣之類弗身踐也."
군 자 원 포 주 혈 기 지 류 불 신 천 야

【평설】『예기』를 보면 임금, 대부, 선비가 동물을 도축할 수 있는 품목을
엄격히 정해 놓고, 제사나 빈객을 대접하는 경우에만 허용하였다. 물론 어
떠한 경우라도 직접 살아 있는 동물을 죽이지 않아야 한다고 강조했다. 인
간이 다른 동물의 목숨을 함부로 빼앗을 권리는 어디에도 없다. 부득이 살

아 있는 동물을 도축하더라도 정해진 규칙에 따라야 한다

무슬림이 먹고 쓸 수 있는 제품을 총칭하여 할랄(halal)이라고 하는데, 아랍어로 '허용된 것'이라는 의미다. 무슬림들은 엄격한 규칙 속에서 동물을 도축한다. 인간의 구미口味를 위해서 동물의 고통을 외면해서는 안 된다. 부득이하게 도축할 때는 동물의 고통을 최소화할 수 있도록 해야 한다. 비인도적인 도축은 이제 사라져야 할 때가 되었다.

16

죄를 지으면 수명이 감소된다

노자가 말하였다. "날아가는 새를 쏘고 달아나는 짐승을 뒤쫓으며, 겨울잠 자는 벌레를 파헤치고 깃든 새를 놀라게 하여 난폭하게 살상을 하거나 이치에 어긋나게 도살한다. 이와 같은 등등의 죄는 수명을 주관하는 신이 그 경중에 따라서 그 수명을 감소하니 수명이 다하면 죽게 되나, 죽어서도 남은 책임이 있어서 재앙이 자손에게까지 미친다."

老子曰: "射飛逐走, 發蟄驚棲, 縱暴殺傷, 非理烹宰. 如斯等罪,
노자왈 사비축주 발칩경서 종폭살상 비리팽재 여사등죄
司命隨其輕重, 奪其紀算, 算盡則死, 死有餘責, 殃及子孫."
사명수기경중 탈기기산 산진즉사 사유여책 앙급자손

【평설】『태상감응편』太上感應篇은 중국의 권선서勸善書이다. 남송南宋의 소홍紹興·건도乾道 연간에 이창령李昌齡이 정리하여 세상에 소개하였다. 이 책은 위로는 사대부에서 아래로는 서민에 이르기까지 소중히 여겼다.

선악善惡에 따라 응보應報를 받는다는 내용을 담고 있다. 위의 이야기는 이 책에 실려 있다.

날짐승과 들짐승을 난폭하게 죽이거나 뜬금없이 도살하는 것은 나쁜 일이다. 수명을 담당하는 신이 이런 죄의 경중을 헤아려서 수명을 감소시킨다. 그런 일이 축적되어 본인의 수명을 다 깎아 먹게 되면 죽게 된다. 어디 그뿐인가. 본인이 감당할 부분을 넘게 되면 재앙이 자손까지 미친다. 아무리 미물이라도 살아 있는 것을 죽이는 것은 벌을 받아야 마땅한 일이다.

17

고기를 먹으면 안 된다

배상국[1]이 말하였다.

"생명이 있는 것들은 반드시 지각이 있고 모든 지각이 있는 것은 본체가 같네. 세상에서 전쟁의 재앙이 없게 하려면 반드시 중생들이 고기를 먹지 않아야 하네."

裴相國曰: "血氣之屬必有知, 凡有知者必同體. 世上欲無刀兵劫,
배 상 국 왈 혈 기 지 속 필 유 지 범 유 지 자 필 동 체 세 상 욕 무 도 병 겁
須是衆生不食肉."
수 시 중 생 불 식 육

【평설】 영화 〈조커〉(Joker)로 유명한 호아킨 피닉스는 아카데미 시상식에서 남우주연상을 수상하고 동물 권리에 초점을 맞춘 감동적인 연설을 했다. "우리는 자연과 단절되어 있는 것 같습니다. 우리 중 많은 사람들이 자기 중심의 세계관을 가지고 있고, 우리가 우주의 중심이라고 믿고 있죠. 우린 자연의 세계로 들어가 그것을 침범하고 착취하죠. 우린 소를 인공수

찡 시킬 권리가 있다고 느끼고, 어미의 운부짖음에도, 송아지를 훔치며, 송아지의 몫인 우유를 가져다 우리의 커피와 시리얼에 넣죠." 현재의 동물 목축은 본질적으로 동물들을 지배하고 통제하고 사용하고 착취하고 있다는 취지였다.

생명이 있는 것은 모두 고귀하다. 살아 있는 것에 대한 경외를 가진 사람은 다른 사람 또는 다른 동물을 함부로 대하지 않는다. 육식은 기본적으로 다른 동물을 해쳐야 이루어지는 일이다. 육식의 메커니즘에 기본적으로 폭력성이 숨어 있으니 이런 고리를 끊으면 자연스레 남을 죽이는 전쟁이라는 야만적인 행위도 없어진다는 말이다. 육식에 대한 통찰력을 보여 주는 글이다.

---

1 배상국: 배휴(裴休, 791~870)를 가리킨다. 당나라 맹주(孟州) 제원(濟源) 사람. 자는 공미(公美). 문장에 능했고, 글씨도 잘 썼다. 불교를 신봉했는데, 특히 석전(釋典)에 밝았다. 선종(禪宗)에 귀의한 사람으로 유명하여 여러 선사(禪師)들의 어록에 일화를 남겼다.

18
동물실험을 했던 도홍경

도홍경陶弘景의 제자인 환소桓筱가 먼저 도를 얻어서 장차 승천하게 되었다. 도홍경이 물어 말하였다.

"나는 가르침을 전하고 도를 닦음에 근면함이 또한 지극했다. 그러니, 설마 과실이 있어서 이 세상에 오래 머무르게 되었겠는가?"

환소가 말하였다.

"선생님의 남몰래 쌓은 공덕[陰功]은 뚜렷하였습니다. 그러나『본초』本草를 연구할 때 등에와 거머리로 약을 만들면 공덕이 비록 사람들에게 미치기는 하나 동물의 생명을 해치게 됩니다. 이로 인하여 12년이 지난 뒤에 마땅히 몸을 벗어나 세상을 떠나게 되어, 봉래蓬萊의 도수감都水監 자리에 앉게 될 것입니다."

말이 끝나자 이에 떠났다. 도홍경이 거듭 초목의 약재로 동물의 목숨을 대신할 수 있는 것이라 하여 따로『본초』3권을 엮음으로써 그의 과실을 속죄하였다.

陶弘景弟子桓恂先得道, 將超升, 弘景問曰: "某行教修道, 勤亦至矣,
도 홍 경 제 자 환 소 선 득 도 장 초 승 홍 경 문 왈 모 행 교 수 도 근 역 지 의

得非有過而淹延在世乎?"
득 비 유 과 이 엄 연 재 세 호

桓恂曰: "君之陰功著矣, 所修『本草』以蟲. 水蛭爲藥, 功雖及人,
환 소 왈 군 지 음 공 저 의 소 수 본 초 이 충 수 질 위 약 공 수 급 인

而害於物命, 以此一紀之後, 當解形去世, 署蓬萊都水監耳."
이 해 어 물 명 이 차 일 기 지 후 당 해 형 거 세 서 봉 래 도 수 감 이

言訖乃去. 弘景復以草木之藥, 可代物命者,
언 흘 내 거 홍 경 부 이 초 목 지 약 가 대 물 명 자

著別行『本草』三卷以贖其過.
저 별 행 본 초 삼 권 이 속 기 과

【평설】 동물실험이 필요한 기관에서는 어쩔 수 없이 실험에 희생된 동물을 위해서 실험동물 위령제를 지내기도 한다. 당장 동물실험을 전면적으로 그만둘 수는 없는 노릇이지만 3R 원칙을 지킨다. 3R은 최대한 비동물실험으로의 대체(Replacement), 사용 동물의 수 축소(Reduction), 그리고 불가피하게 동물실험 진행 시 고통의 완화(Refinement) 최대화를 위해 노력해야 한다는 것이다.

도홍경과 그의 제자 환소가 있었다. 도를 함께 닦았지만 웬일인지 제자인 환소가 먼저 승천하였다. 나중에 환소에게 들으니 등에와 거머리로 약을 만들어서 그 업보 탓에 자신은 12년 뒤에야 승천한다는 이야기를 들었다. 도홍경은 이때 크게 깨달아 『본초』를 저술해서 동물 대신에 초목을 약재로 사용하게 했다. 이 이야기는 마치 동물실험을 떠올리게 한다. 동물실험은 인간에게는 유익할지 모르지만 동물에게는 생명을 빼앗는 일이다.

19

조개를 방생한 증로공

증로공^{曾魯公2}이 방생^{放生}을 좋아하였다. 그런데 바지락과 조개
과 같은 종류들은 사람들에게 돌봄을 받지 않게 되어, 바지락과
조개를 살린 일이 많았다. 하루는 꿈에 갑옷을 입은 수백 사람이
앞에 와서 호소를 하였다. 잠에서 깨어서 그의 집에 있는 사람들
에게 물으니 다른 사람이 보내온 대합 몇 대바구니가 있다고 하
자 곧바로 사람을 보내서 놓아주었다. 밤중에 꿈에 갑옷을 입은
자가 와서 감사를 전했다.

曾魯公放生, 以蜆蛤之類爲人所不恤而活物之命多也.
증 로 공 방 생 이 현 합 지 류 위 인 소 불 휼 이 활 물 지 명 다 야
一日夢被甲者數百人前訴. 寤而問其家, 有惠哈蜊數寓者,
일 일 몽 피 갑 자 수 백 인 전 소 오 이 문 기 가 유 혜 합 리 수 우 자
卽遣人放之. 夜夢被甲者來謝.
즉 견 인 방 지 야 몽 피 갑 자 래 사

【평설】 증로공은 산아 있는 생물을 놓아주는 방생放生을 좋아했다. 다른 사람들이 잘 방생하지 않는 바지락이나 조개 따위를 살린 일이 많았다. 사람들은 모든 동물에 공평하지 않다. 정서적으로 사람들에게 가까운 동물에만 더 애착을 느낀다. 그러나 증로공은 다른 이들과 달랐다. 아무도 조개 따위의 생명에 관심을 쏟지 않을 때에 그는 조개마저도 다른 동물과 매한가지로 여겼다. 그렇다면 증로공이 다른 동물을 어떤 시각과 태도로 대했을지 어렵지 않게 추측해 볼 수 있다. 대합이 사람들로 바뀌어 구명을 호소하고 살려주니 감사를 표했다는 것은 현실에서는 있을 수 없는 일이다. 허나 증로공의 살아 있는 것에 대한 깊은 사랑만은 온전히 느낄 수 있다.

---

2 증로공(曾魯公): 증공량(曾公亮, 999~1078)을 가리킨다. 자는 명중(明仲)이고, 호는 낙정(樂正)이다. 편저서로『무경총요』(武經總要)가 있다.

20

생물을 먹지 않은 소동파

동파가 일렀다. "내가 젊었을 때 살생을 좋아하지 않았지만 이때에 끊지는 못하다가, 근년부터 비로소 돼지나 양을 죽이지 않을 수가 있었다. 그러나 성품이 게와 조개를 좋아하여서 살생하는 것을 면치 못했다.

작년에 죄를 지어서 옥에 갇혀 처음에는 죽기를 면하지 못할 것 같다가, 곧바로 풀려나게 되어서 드디어 이때로부터는 다시는 하나의 생물生物도 죽이지 않았다. 보내주는 게나 조개가 있으면 강 가운데에 놓아주었다. 비록 살아날 이치는 없지만, 부디 만에 하나라도 살기를 바랐으니 곧 살아나지는 못한다 하더라도 삶아 먹는 것보다는 낫다.

바라는 것이 있어서는 아니지만 다만 직접 환난을 겪은 것은 닭이나 오리가 푸줏간에 있는 것과 다를 것이 없었다. 그러니 다시는 내가 입맛을 취하고 배를 채우려는 까닭으로 생명이 붙어 있는 것들로 하여금 헤아릴 수 없는 고통을 두려워하는 일을 받게

하지 않았다, 하지만 능히 맛을 잊지 못해서 저절로 죽은 것을

먹는 것이 한스러웠다."

東坡云: "余少時不喜殺生, 時未斷也, 近年始能不殺豬羊,
동 파 운 여 소 시 불 희 살 생 시 미 단 야 근 년 시 능 불 살 저 양

然性嗜蟹蛤, 故不免殺. 自去年得罪下獄,
연 성 기 해 합 고 불 면 살 자 거 년 득 죄 하 옥

始意不免, 即而得脫, 遂自此不復殺一物. 有餉蟹蛤者放之江中.
시 의 불 면 즉 이 득 탈 수 자 차 불 부 살 일 물 유 향 해 합 자 방 지 강 중

雖無活理, 庶幾萬一, 便不活, 愈於煎烹也. 非有所覬, 但已親歷患難,
수 무 활 리 서 기 만 일 변 불 활 유 어 전 팽 야 비 유 소 기 단 이 친 력 환 난

不異雞鴨之在庖廚, 不復以口腹之故, 使有生之類,
불 이 계 압 지 재 포 주 불 부 이 구 복 지 고 사 유 생 지 류

受無量怖苦爾. 猶恨未能忘味, 食自死物也."
수 무 량 포 고 이 유 한 미 능 망 미 식 자 사 물 야

【평설】 소동파는 원래부터 살생을 좋아하지는 않았지만 완전히 끊지는

못했다. 어느 동물도 죽이지 않고 살아가는 것은 생각보다 쉽지 않은 일이

었다. 그러다 정치적 사안에 휘말려 죽을 뻔하다 살아난 뒤로부터는 완전

히 살생에서 손을 떼게 되었다. 생각해 보니 자신의 처지가 푸줏간에서 언

제 죽을지 모르는 닭이나 오리와 다를 바가 없었기 때문이다. 죽음에 근접

했던 경험은 일순간에 진일보한 사유를 가능케 한다. 고통을 겪어 본 자만

이 가지는 시야의 확대다. 소동파는 그 뒤로 죽은 것을 먹는 데에도 아파

했다.

21

살생을 그만둔 진조

동파가 진계상³과 함께 왕래를 했다. 매양 왕래하는 즈음에 으레 읍泣 자 운자로 한 편의 시를 지었는데 진계상은 죽이는 것을 금하지 않았으니, 이 점을 가지고 비꼬았다. 그러자 진계상이 이윽고 살생을 않게 되니 마을 사람들이 감화가 되어 지금까지도 고기를 먹지 않는 자가 있었다. 모두가 "죽기도 전에 이미 신이 울었네"라고 말했으니 이 말이 사람을 서글프게 하였다.

東坡與陳季常往來. 每過往之際, 輒作泣字韻詩一篇, 季常不禁殺,
동 파 여 진 계 상 왕 래 매 과 왕 지 제 첩 작 읍 자 운 시 일 편 계 상 불 금 살
以此諷之. 季常旣不殺, 而里中化之, 至今有不食肉者.
이 차 풍 지 계 상 기 불 살 이 리 중 화 지 지 금 유 불 식 육 자
皆云: "未死神先泣." 此語使人凄然.
개 운 미 사 신 선 읍 차 어 사 인 처 연

【평설】 소동파는 미식가로 알려져 있다. 저렴한 가격에 돼지고기를 즐길 방법을 찾다 동파육東坡肉을 개발하기도 했다. 그는 음식에 관한 글로 「노

도부」老饕賦, 「새생부」鹩鶧賦, 「시저육시」食豬肉詩 「두죽」豆粥, 「경어행」
鯨魚行을 짓기도 하였다. 그러다가 황주黃州 유배 시절에 생명에 대한 깊은
깨달음을 얻고서, 큰 동물을 죽이지 않다가 후에는 조개 따위도 죽이지 않
게 되었다.

소동파와 진조陳慥는 각별했던 사이였다. 진조는 유명한 공처가로 사나운
처 하동 유씨河東柳氏 앞에서 꼼짝을 못 했다. 소동파는 그 모습을 보고 시
에서, "하동사자의 울음소리에 손지팡이 땅에 떨굴 정도로 놀라네"河東獅
子吼 手杖落地驚라 하였다. 진조가 살생을 멈추지 않자 소동파가 시를 지어
그 사실을 꼬집었다. 글의 말미에 나오는 "죽기도 전에 이미 신이 울었네"
라는 말은 「기정 오수」岐亭 五首에 "무자는 비록 사치스럽지만 죽기도 전
에 이미 신이 울었네"武子雖豪華, 未死神已泣라 나온다. 원래의 뜻은 무자는
일생을 사치스럽고 호화롭게 살았지만, 그가 죽기도 전에 천신조차도 그
의 사치스러운 행동에 슬프고 분함을 느꼈다는 말이다. 여기에서는 진조
가 죽기도 전에 천신이 눈물을 흘릴 정도로 그의 삶을 인정했다는 뜻으로
쓰인 것 같다. 진조는 그때 느낀 바가 있어서 다시는 살생을 하지 않게 되
었고, 마을 사람들도 거기에 감화되어 고기를 먹지 않았다고 하였다.

---

3 진조(陳慥, ?~?): 송나라 미주(眉州) 청신(青神) 사람. 자는 계상(季常)이고, 호는 용구거사
(龍丘居士)며, 진희량(陳希亮)의 아들이다. 소동파의 벗으로서 동파가 황주에 좌천되어 있
을 때에 시문을 화답하였다. 동파가 그를 소재로 「방산자전」(方山子傳)을 썼다.

22

몬도가네의 최후

당唐나라 장역지張易之 형제가 음식에 사치를 했는데 다투어 참
혹하게 하였다. 큰 쇠로 만든 조롱을 만들어서 오리를 그 안에
다 넣었다. 그 조롱 안에다 숯불을 피우고, 구리로 만든 그릇에
다 다섯 가지 맛이 나는 국물을 담아 두었다. 오리가 숯불 주위
를 분주히 달리다가, 목이 마르면 국물을 마신다. 불에 구워져서
아프게 되면 곧바로 돌다가 안과 속이 다 익혀져서는 털이 싹 다
빠져 버리고 살이 익어서 죽게 된다.

장창종張昌宗은 그러한 방법으로 나귀를 구워 먹었다. 장창의張昌
儀가 쇠로 만든 괭이를 사용해서 개의 팔 다리를 못질하고 매에
게 쪼아 먹게 하면 개의 살이 다 발라져도 개는 죽지 않는데, 부
르짖는 소리가 아파서 들을 수가 없었다. 장역지가 장창의에게
들렀다가 말 창자가 생각이 나자 장창의가 종자에게 작은 칼로
갈비를 부숴서 창자를 취하게 하니 말이 한참 있다가 죽었다.

후에 낙양 사람이 장역지와 장창종의 살을 베니 고기가 통통하

세 희이시 곰 기름괴 같았는데 그것을 달이고 구워서 먹었다. 장창의의 두 다리를 쳐서 부러뜨리고 심장과 간을 끄집어내어 취했으니 누가 하늘의 보답이 없다고 이르겠는가.

唐張易之兄弟侈於食, 競爲慘酷. 爲大鐵籠置鵝鴨於內, 當中起炭火,
당 장 역 지 형 제 치 어 식 경 위 참 혹 위 대 철 롱 치 아 압 어 내 당 중 기 탄 화

銅盆貯五味汁. 鵝鴨繞火走,
동 분 저 오 미 즙 아 압 요 화 주

渴即飮汁, 火炙痛即回, 表裏皆熱, 毛落盡肉赤乃死.
갈 즉 음 즙 화 적 통 즉 회 표 리 개 열 모 락 진 육 적 내 사

昌宗以其法作驢炙. 昌儀用鐵钁釘狗四足按鷹鷂,
창 종 이 기 법 작 려 적 창 의 용 철 곽 정 구 사 족 안 응 요

肉盡而狗未死, 號叫酸楚不可聽. 易之過昌儀憶馬腸,
육 진 이 구 미 사 호 규 산 초 불 가 청 역 지 과 창 의 억 마 장

昌儀從騎鈹肋取腸, 良久乃死.
창 의 종 기 피 륵 취 장 양 구 내 사

後洛陽人臠易之昌宗, 肉肥白如熊肪, 煎炙而食. 打昌儀雙脚折,
후 낙 양 인 련 역 지 창 종 육 비 백 여 웅 방 전 적 이 식 타 창 의 쌍 각 절

掏取心肝. 孰謂無天報哉?
도 취 심 간 숙 위 무 천 보 재

【평설】 장역지, 장창종, 장창의는 무측천武則天의 남총男寵이었다. 이들은 무측천의 총애를 받으며 권력을 누렸다. 장역지는 공학감控鶴監, 장창종은 비서감秘書監, 장창의는 낙양령洛陽令이 각각 되었다. 이 삼형제는 모두 미식가이며 몬도가네였다. 몬도가네란 이상하고 혐오스런 음식을 먹는 사람을 일컫는 말이다. 이들은 동물을 잔인하게 도축해서 음식으로 만들었다. 동물의 고통 따위는 아랑곳하지 않고 잔인하게 죽이더라도 음식의

맛을 좋게 한다면 어떤 짓도 주저하지 않았다. 오리, 나귀, 개 따위를 그런 식으로 죽여서 요리로 만들었다. 이 삼형제가 하는 짓은 말 그대로 난형난제였다. 그러나 삼형제의 권세가 끝나자 이들도 자신이 잔인하게 도축했던 동물들과 다를 바 없는 최후를 맞이했다. 말 못하는 짐승이라고 고통이 없을 수는 없다. 인간의 음식을 위해 어쩔 수 없이 도축한다 하더라도 고통을 최소화하기 위해서 노력해야 한다. 세상에 벌 받을 짓을 하면 끝내 벌을 받는다는 평범한 진리를 재확인하게 된다.

23

메추라기 꿈을 꾼 채경

채경蔡京⁴이 재상이 되었을 적에 대관大觀 연간1107~1110년에 하설
賀雪⁵ 때문에 채경의 집에서 잔치를 열어 주었다. 요리사가 천여
마리의 메추라기를 죽였다. 이날 밤에 채경이 꿈을 꾸니까 고을
의 메추라기가 채경에게 시를 주었다.

그대의 한 알 좁쌀 쪼아 먹으면 啄君一粒粟

그대 위해 국 속의 고기 되겠네 爲君羹內肉

죽인 것이 얼마 되는지 알지 못하고 所殺知幾多

젓가락 댈 때에 부족하다 염려하였네. 下箸嫌不足

그대 부엌 채워짐 아깝지 않으나 不惜充君庖

생사가 수레바퀴 도는 것 같네. 生死如轉轂

권하노니 그대는 삼가서 먹지 말라. 勸君愼勿食

화복은 맞물려서 있는 법이니. 禍福相倚伏⁶

채경이 이로 말미암아서 다시는 먹지 않았다.

蔡京作相, 大觀間, 因賀雪, 賜宴於京第, 庖者殺鶉子千餘.
채 경 작 상 대 관 간 인 하 설 사 연 어 경 제 포 자 살 암 자 천 여

是夕京夢郡鶉遺以詩曰 : "啄君一粒粟, 爲君羹內肉. 所殺知幾多,
시 석 경 몽 군 암 유 이 시 왈　　　탁 군 일 립 속 위 군 갱 내 육 소 살 지 기 다

下箸嫌不足. 不惜充君庖, 生死如轉轂. 勸君愼勿食, 禍福相倚伏."
하 저 혐 부 족 불 석 충 군 포 생 사 여 전 곡 권 군 신 물 식 화 복 상 의 복

京由是不復食.
경 유 시 불 부 식

【평설】『오잡조』五雜組에는, "손승우孫承祐는 한 차례의 잔치를 베푸는 데

1천여 가지의 동물을 살생시켰고, 이덕유李德裕는 한 그릇의 국[羹]을 마련

하는 데 2만 금이나 소비하였으며, 채경蔡京은 메추라기를 좋아하여 하루

에 1천 마리가량이나 먹었고, 제왕齊王은 계척鷄跖:닭의 발바닥 살을 좋아하

여 하루에 70개를 먹었으며, 강무외江無畏는 하루에 도미[鯛漁] 3백 마리를

먹었고, 왕보王黼는 창고에 참새젓[雀鮓]이 세 칸이나 저장되었다"라 나온

다. 이처럼 음식을 위한 사치가 이루 말로 할 수 없을 정도로 지나쳤다.

채경은 중국 역사상 유명한 간신으로 악명이 높은데, 『수호전』에는 그의

모습이 잘 그려져 있다. 그의 생일 잔치에는 채경의 눈에 들기 위해 사람

들이 준비한 어마어마한 선물들이 몰려들었다. 꽃게알을 넣어 만든 만두

한 가지를 만드는 데 엽전 130만 냥 이상이 들었고 메추라기 탕 한 그릇을

만드는 데 수백 마리의 메추라기가 들어갔다.

가신이 미식을 위해 수없이 많은 메추라기를 죽였으니, 메추라기의 원수라고 해도 과언이 아니었다. 자신의 독특한 미식을 위해서는 권력의 유지가 필수적이었다. 권력이 남들을 위한 봉사가 아니라 자신의 헛된 미각을 충족시키기 위한 도구로 전락한 셈이다. 역시 그의 말로도 좋지 않았다. 그는 담주僭州: 海南島로 유형을 받아 배소配所: 유배지로 가는 도중 담주潭州: 湖南省에서 병사하였다.

---

4 채경(蔡京, 1047~1126): 자는 원장(元長). 서화가. 글씨에 뛰어났다. 여러 스승을 섬겼으나, 자주 스승을 배신하고 바꾼 탓에 간사하다는 평을 받았다.

5 하설(賀雪): 서설(瑞雪)을 경하(慶賀)함. 겨울에 눈이 내리는 것을 풍년의 조짐으로 여겨 신하들이 군주에게 표(表)나 시를 바쳐 경하한 일을 이른다.

6 『노자』(老子) 제58장에 "화는 복이 의탁하는 바이고, 복은 화가 숨어 있는 바이다"(禍兮福所倚, 福兮禍所伏)라고 하였다.

24

삶겨진 어린 송아지

대복고戴復古가 송아지를 삶아서 손님을 대접하는 사람을 보고 서 다음과 같은 시를 지었다.

"시골집에서는 갓 태어난 송아지는[8] / 어린 것이 가련한 생애이 네. / 한번 밭을 가는 것도 시험해 보지 못하고 / 얼마 안 되어서 오정[9]에서 삶아졌다네. / 아침이 되자 식지가 움직일 것 점을 쳤 으니 / 고깃국 한 그릇이 절묘하였네. / 사람이 입과 배를 위하는 데 / 마침내는 차마 하지 못할 정을 품을 것이네."

戴石屏見烹犢延客者, 詩云: "田家繭栗犢, 小小可憐生. 未試一犁力,
대 석 병 견 팽 독 연 객 자 시 운 전 가 견 율 독 소 소 가 련 생 미 시 일 리 력
俄遭五鼎烹. 朝來占食指, 妙絕此杯羹. 口腹爲人累, 終懷不忍情."
아 조 오 정 팽 조 래 점 식 지 묘 절 차 배 갱 구 복 위 인 루 종 회 불 인 정

【평설】 2008년 7월부터 발효 중인 유럽연합의 새로운 분류법에 따라 월 령 8개월 이하의 짐승은 송아지(veau), 8개월 이상 된 짐승은 어린 소

(Jeune bovin)로 구분한다. 송아지 고기는 색이 밝고 육질이 여하며 기름
기가 적고 철분이 적다.

아는 사람을 만났더니 손님 대접한다고 갓 태어난 송아지를 삶아 내왔다.
맛만 따진다면 아무 생각 없이 먹겠지만, 송아지의 짧은 삶을 떠올리니 차
마 목으로 넘어가지 않았다. 소가 되지 못하고 죽었으니 밭도 한번 갈아
보지 못한 것이다. 사람이었다면 꽃도 펴 보지 못하고 요절한 셈이다. 4구
에 나오는 식지동食指動은 『좌전』에서 나온 말이다. '식지가 동한다'는 말
은 먹을 생각이 간절해서 손가락이 절로 음식이 있는 쪽으로 움직이게 된
다는 뜻이다. 그래서 이 말은 '구미가 당긴다, 야심을 품는다' 하는 뜻으로
많이 쓰이게 되었다.

제 입맛과 건강을 위해서는 못할 게 없다. 그렇지만 아직 피지도 못하고
일찍 죽은 동물을 떠올려 보면 그렇게 음식으로 만들어 목에 넘기기가 쉽
지만은 않을 것이다. 살아 있는 모든 것은 고귀하며 애처롭다. 어차피 도
축을 위한 동물이라도 마음이 쓰이지 않을 수는 없다.

---

7 대복고(戴復古, 1167~?): 남송 태주(台州) 황암(黃巖) 사람. 사(詞) 작가. 자는 식지(式之)
고, 호는 석병(石屛)이다. 평생을 벼슬하지 않고 강호를 다니면서 학문에만 전념했다. 육유
(陸游)에게 시를 배웠다. 그의 시는 현실적이고 지배층의 모순을 비판하는 성향이 강했다.
저서에 『석병신어』(石屛新語)와 『석병집』(石屛集), 『석병사』(石屛詞)가 있다.

8 견율(繭栗): 갓 낳은 송아지. 누에고치나 밤톨만큼 작다는 의미로 송아지가 처음 뿔이 날
때 조그맣게 나는 것을 형용한 말.

9 오정(五鼎): 다섯 개의 솥에 각각 소[牛], 양[羊], 돼지[豕], 물고기[魚], 고라니[麋]를 담아
신에게 바침. 전하여 좋은 것을 먹으면서 부귀영화를 누린다는 뜻이다.

25

모든 동물에도 불성이 있다

불인佛印[20]의 「만정방」滿庭芳 사詞에 이르기를 "비늘과 껍질이 있는 것은 너무도 많고, 날짐승과 들짐승은 셀 수도 없지만, 깨닫게 되면 불성은 모두 다 같은 것이네. 세상 사람들은 무슨 일로 입에 좋은 맛을 아주 좋아하나. 중생을 아프게 도살하려고 칼날을 돌리자 선혈이 낭자하여 땅이 붉게 물들었다. 잘게 썰어 굽고 부수어 구우니 차마 저것을 볼 수 없었네. 목구멍으로 겨우 삼키자마자 용뇌龍腦와 봉수鳳髓 같은 좋은 음식도 마침내는 자취가 없게 되네. 함부로 얻게 되면 생전에 요절하거나 흉한 일이 많으니 세상 사람들이 깨달아 멋대로 하지 않기를 권고하네. 염라대왕을 화나게 하면 윤회되어 다른 동물로 태어나서 본래의 모습이 잠깐 사이에 바뀌게 되리."

佛印「滿庭芳」詞云:"鱗甲何多, 羽毛無數, 悟來佛性皆同.
불 인 만 정 방 사 운 인 갑 하 다 우 모 무 수 오 래 불 성 개 동
世人何事, 剛愛口頭濃. 痛把衆生剖割,
세 인 하 사 강 애 구 두 농 통 파 중 생 부 할

刀頭轉, 鮮血飛紅, 零炮碎炙, 不忍見混儂. 喉嚨才咽罷, 龍腦鳳髓,
도 두 전 선 혈 비 홍 영 포 쇄 자 불 인 견 거 농 후 롱 재 연 파 용 뇌 봉 수

畢竟無蹤. 謾贏得, 生前夭壽多凶,
필 경 무 종 만 영 득 생 전 요 수 다 흉

奉勸世人省悟, 休恣意. 擊惱閻君, 輪回轉, 本來面目, 改換片時中."
봉 권 세 인 성 오 휴 자 의 격 뇌 염 군 윤 회 전 본 래 면 목 개 환 편 시 중

【평설】 살아 있는 모든 동물에는 불성佛性이 있으니 함부로 대해서는 안

된다. 그런데 내 입을 즐겁게 하기 위해 고통을 주며 동물을 도살하여 먹

는다. 그렇지만 용뇌나 봉수와 같은 대단한 음식조차도 목구멍을 넘기는

순간 자취를 감춰 버린다. 목구멍을 넘어가기 전에 느낄 잠시의 미각을 위

해서 살아 있는 생명의 목숨을 앗아가는 것이다. 이런 일을 하면 살아생전

에 요절하거나 흉한 일이 많을 것이고, 염라대왕의 노여움을 사서 동물로

태어날지도 모를 일이다.

10 불인(佛印, 1032~1098): 송나라 때의 승려. 강서(江西) 부량(浮梁) 사람으로, 속성(俗姓)
  은 임(林)씨고, 법명(法名)은 요원(了元)이다. 소동파가 혜주에서 귀양살이할 때 서로 시
  를 주고받았다.

26

살생하지 말고 방생하라

미륵존불彌勒尊佛이 말하였다.

"사람이 세상을 살아가면서 너무나 무지하니, 날이면 날마다 아침이면 아침마다 참으로 어리석은 것이다. 칼로는 짐승 몸 위에 고기를 갈라서 자신의 얼굴 위에 더 살지게 하려고 한다. 세 치의 목구멍은 원래 밑 빠진 독이니 어느 날 어느 해에나 마치겠는가. 다른 몸 위에 있는 고기를 베는 것을 돌아보지 않고, 오히려 고기에 좋은 비계가 적은 것을 싫어한다. 너에게 황금 십만 냥을 준들 누가 기꺼이 칼을 가지고 자신의 살가죽을 가르려 하겠는가. 날짐승과 들짐승을 많이 물리칠 것이니 그의 몸은 또한 아버지와 어머니가 난 아이이다. 여러 사람에게 이 게송을 보기를 받들어 권하되 자비로다 살생하지 않는 것이 가장 적당하다.

게송에 이른다. '그대에게 부지런히 방생하기를 권하노니, 마침내 오래하면 장수를 얻게 되네. 만일 보리심을 발하게 되면 큰 어려움에 하늘이 모름지기 구제할 것이네.'"

彌勒尊佛云: "人生在世人無知, 日日朝朝眞是癡. 刀割畜生身上肉,
미 륵 존 불 운 인 생 재 세 태 무 지 일 일 조 조 진 시 치 도 할 축 생 신 상 육

自家面上要添肥. 喉嚨三寸原無底,
자 가 면 상 요 첨 비 후 롱 삼 촌 원 무 저

何日何年是了期. 不顧割他身上肉, 猶嫌是肉少精脂.
하 일 하 년 시 료 기 불 고 할 타 신 상 육 유 혐 시 육 소 정 지

與你黃金十萬兩, 誰肯將刀割自皮.
여 니 황 금 십 만 냥 수 긍 장 도 할 자 피

饒却飛禽並走獸, 他身也是父娘兒. 奉勸諸人觀此頌,
요 각 비 금 병 주 수 타 신 야 시 부 낭 아 봉 권 제 인 관 차 송

慈悲不殺是便宜. 偈曰: '勸君勤放生, 終久得長壽. 若發菩提心,
자 비 불 살 시 편 의 게 왈 권 군 근 방 생 종 구 득 장 수 약 발 보 리 심

大難天須救.'"
대 난 천 수 구

【평설】 인간이 만물의 영장이라 하지만 정말로 어리석다 할 수 있다. 제 몸을 이롭게 하기 위해서 산 동물의 몸에 칼을 댄다. 동물의 생명이나 고통은 아랑곳하지 않고 내 몸만을 생각할 뿐이다. 따지고 보면 동물도 어느 부모의 새끼이니 함부로 할 수는 없다. 정말로 오래 살고 싶은가. 그렇다면 살생을 하지 말고 방생을 하라. 살아 있는 동물을 죽여 내 몸을 건강하게 만들 생각은 접어 두고, 동물을 놓아주는 방생을 실천하게 되면, 그것이 곧 복을 받게 되어 하늘이 어려울 때마다 도와주고, 장수도 가능케 해준다. 그러니 살생을 택할 것인가. 방생을 택할 것인가. 여기 두 개의 길이 놓여 있다.

27

꿈틀거리는 벌레나 날아다니는 날파리까지도

영가永嘉¹¹가 일렀다.

"자비심으로 정성껏 키워서 생명을 해치지 말고, 물과 육지와 하늘을 다니는 모든 생명을 목숨이 크든 작든 간에 평등한 마음으로 소중히 다루며 보호하여 꿈틀거리는 벌레나 날아다니는 날파리까지도 해를 입히지 않도록 해야 한다."

永嘉云: "慈悲撫育, 不傷物命, 水陸空行, 一切含識, 命無大小,
영 가 운 자 비 무 육 불 상 물 명 수 륙 공 행 일 체 함 식 명 무 대 소
等心愛護, 蠢動蜎飛, 無令毀損."
등 심 애 호 준 동 연 비 무 령 훼 손

【평설】 동물 학대는 정말로 나쁜 범죄라 할 수 있다. 유독 우리의 법은 동물 학대에 관대한 편이다. 동물을 함부로 대하는 사람이 인간에 대한 존중이 있을 턱이 없다. 꽃 한 송이도 함부로 하지 않는 마음을 가진 사람은 절대로 다른 사람을 함부로 대하지 않는다.

사람과 정서적으로 친밀한 동물이나 몸이 크기가 일정하게 큰 동물만이 보호할 대상이 아니다. 살아 있는 모든 것, 꿈틀거리는 벌레나 날아다니는 날파리까지도 함부로 할 수 없다. 어느 동물의 생명도 함부로 빼앗아서는 안 된다.

---

11 영가 현각(永嘉 玄覺: 665~713): 당(唐)의 승려로, 절강성(浙江省) 온주(溫州) 영가(永嘉) 출신. 호는 일숙각(一宿覺), 자(字)는 명도(明道). 8세에 출가하여 천태(天台)의 지관(止觀)에 정통하고, 『유마경』을 읽다가 깨달음을 이루었다. 혜능(慧能)을 찾아가 문답하여 인가(印可)를 받고 용흥사(龍興寺)로 돌아와 선풍(禪風)을 크게 일으켰다.

28

생명을 죽이면 동물로 태어난다

진씨陳氏가 살생하는 것을 경계하거늘 어떤 사람이 물었다.

"육축六畜: 소, 말, 돼지, 양, 닭, 개 등은 내가 만일 죽이지 않더라도 다른 사람이 또한 죽이게 될 것입니다. 육축을 산과 숲에 풀어놓으면 승냥이와 이리가 또한 육축을 잡아먹을 것이니 가령 내가 죽이지 않는다 하더라도 또한 구할 수는 없을 것입니다."

진씨가 답하였다.

"육축 등은 내가 모두 전생에 확정된 살인殺因을 저질렀으므로 지금 확정된 살과殺果를 받게 되는 것이니 비록 부처라 하더라도 어찌할 수 없는 것입니다. 그러므로 불교에서 사람들에게 죽이지 말라고 하는 것은 바로 그 자신을 구제하기 위해서입니다. 죽인 업을 짓지 않으면 곧 살인殺因이 없게 될 것입니다. 만약에 결단코 살인殺因이 없게 하면 결단코 죽인 업보를 받지 않게끔 됩니다. 만약 한 사람에게 죽이지 않는 것을 권하게 되면 이것은 한 사람에게 살인殺因을 만들지 않게끔 구제하는 것이니 축생이

뇌는 깃을 면하게 될 것이고, 만야에 부처의 가르침으로 인도하여 천만 사람을 죽이지 않도록 하게 되면 곧 천만 사람을 구제하여 축생이 됨을 면하게 될 것이니 삼도[12]를 벗어나게 될 것입니다. 그러므로 사람들이 능히 부처를 따라서 권화[13]되었지, 고기를 먹는 이리와 승냥이가 능히 부처를 따라서 권화되었다는 것은 듣지 못하였습니다."

陳氏戒殺, 或問曰:"如六畜等, 我若不殺, 他人亦殺之. 施之山林,
진 씨 계 살 혹 문 왈 여 육 축 등 아 약 불 살 타 인 역 살 지 시 지 산 림

豹狼亦殺之. 縱使我不殺亦不能救之矣."
표 랑 역 살 지 종 사 아 불 살 역 불 능 구 지 의

答曰:"六畜等我皆往世作決定殺因, 故今受決定殺果,
답 왈 육 축 등 아 개 왕 세 작 결 정 살 인 고 금 수 결 정 살 과

雖佛亦無如之何.
수 불 역 무 여 지 하

故佛教人不殺者, 正所以救之也. 不作殺業, 則無殺因. 若決無殺因,
고 불 교 인 불 살 자 정 소 이 구 지 야 부 작 살 업 즉 무 살 인 약 결 무 살 인

則決不受殺報. 若勸得一人不殺
즉 결 불 수 살 보 약 권 득 일 인 불 살

則是救得一人不造殺因, 免爲畜生. 若勸化得千萬人不殺,
즉 시 구 득 일 인 부 조 살 인 면 위 축 생 약 권 화 득 천 만 인 불 살

則救得千萬人免爲畜生, 出離三塗矣.
즉 구 득 천 만 인 면 위 축 생 출 리 삼 도 의

故人能從佛勸化, 未聞食肉豹狼能從佛勸化也."
고 인 능 종 불 권 화 미 문 식 육 표 랑 능 종 불 권 화 야

12 삼도(三塗): 악한 일을 저지른 중생이 그 과보로 받는다고 하는 지옥·아귀·축생의 생존.

13 권화(勸化): 권유하여 부처의 가르침으로 인도함.

【평설】 진씨가 살생을 하지 않아야 한다고 주장하였다. 그러자 어떤 사람은 짐승은 어차피 자신이 죽이지 않더라도 다른 사람이나 동물이 죽일 것이니 구할 수 없는 일이라 했다. 그러자 진씨는 생명을 빼앗게 되면 축생으로 태어나게 되니 그렇게 되지 않으려면 함부로 다른 생명을 빼앗으면 안 된다고 말했다. 그러니 남들로 하여금 죽이는 일을 하지 않도록 하면 곧 많은 이들이 축생이 되는 것을 막게끔 해주는 것이다.

살아 있는 것은 모두 똑같다

『도경』道經에 이른다.

"일체의 여러 중생들은 살기를 탐하고 모두가 죽기를 두려워한다. 나의 생명은 곧 다른 생명과 같으니 삼가서 저들의 생명을 가볍게 보지 말라."

道經云:"一切諸眾生, 貪生悉懼死, 我命即他命, 慎勿輕視於彼."
도 경 운 일 체 제 중 생 탐 생 실 구 사 아 명 즉 타 명 신 물 경 시 어 피

【평설】 살아 있는 것은 모두 죽는 것을 두려워한다. 나와 남은 다르지 않다. 내 생명이 소중하다면 다른 생명도 소중하다. "하늘과 땅이 한 뿌리에서 났고 만물이 한 몸이다."天地同根, 萬物一體

함부로 동물을 죽이면 염라대왕한테 혼난다

요요거사了了居士가 이른다.

"몸은 모름지기 도리어 다르지만 정신은 본래 다르지 않다. 비록 귀천의 구분은 있지만, 다만 몸을 구별하기 위해서일 뿐이다. 고통스럽게 저들로 하여금 죽게 하는 것은 맛있는 음식이 자기의 수요를 돕는 것이네. 염라대왕으로 하여금 결정하게 하지 말고, 어떻게 해야 할지를 스스로 생각해 보라."

了了居士云: "體質須還異, 靈明本不殊. 雖然分貴賤, 只是別形軀.
요요거사운 체질수환이 영명본불수 수연분귀천 지시별형구
苦痛敎他死, 肥甘助己需. 休敎閻老斷, 自想說何如."
고통교타사 비감조기수 휴교염로단 자상설하여

【평설】 몸은 다 다르지만 그 안에 있는 정신은 다를 바 없다. 귀천의 구분이야 존재하지만 다른 몸뚱이와 구분하는 것뿐이지, 애초부터 사람의 높낮음이 있는 것은 아니다. 이것은 사람만의 관계뿐 아니라 동물과의 관계

도 미친거지다. 다른 동물은 고통스럽게 죽여서 맛나 음식을 먹는 일로 죽어서 염라대왕한테 가서 단죄되기 전에 다시 한 번 생각해 볼 필요가 있다고 했다.

31

나쁜 일은 벌 받고 좋은 일은 복 받는다

포일자抱一子가 이른다.

"살생을 해서 입과 배의 욕구를 함부로 하면 죄업罪業이 끝이 없게 되고, 재물을 기부해서 널리 사람을 구제하면 복덕을 이루 다 말할 수가 없게 된다. 세상 사람들이 만약 믿지 않는다면, 청컨대『태상감응편』을 보아라. 감동이 있게 되면 반드시 감응이 있게 되니, 조금도 어긋나는 것이 없다."

抱一子云: "殺生恣口腹, 罪業足無邊, 捐財廣濟人, 福德不可論.
포 일 자 운   살 생 자 구 복   죄 업 족 무 변   연 재 광 제 인   복 덕 불 가 론
世人如不信, 請觀『太上篇』. 有感必有應, 毫發無差焉."
세 인 여 불 신   청 관   태 상 편   유 감 필 유 응 호   발 무 차 언

【평설】함부로 동물을 죽여서 입에 끌리는 대로 먹으면 그보다 큰 죄업은 없고, 재물을 베풀어서 어려운 사람들을 도와주면 그보다 큰 복과 덕은 없는 법이다. 『태상감응편』을 보게 되면 이러한 사례를 쉽게 찾아볼 수 있

다고 했다. 하지만 사심은 책을 보지 않아도 너무나 확실한 세상의 이치

다. 베풀면 복을 받고, 남에게 고통을 주면 화를 받는 법이다.

32

억만 개나 되는 생명을 구한 양서

선화宣和(1119~1125) 연간에 부자 상인인 양서楊序가 꿈을 꾸니 신이 고하였다.

"그대는 열흘이 지나면 마땅히 죽게 될 것이다. 그런데 만약에 억만 개가 되는 동물의 생명을 구할 수 있다면 죽음을 면할 수 있다."

양서가 일렀다.

"죽을 기한이 너무 임박해서 살릴 수 있는 생명이 한정되어 있으니 숫자를 채우기가 쉽지 않습니다."

신이 말하였다.

"물고기 알이 소금에다 절이지 않으면, 3년이 지나도 살 수 있으니 어찌 그것을 시도해 보지 않는가?"

양서가 이에 신이 말한 것을 큰 길의 벽 사이에다 크게 써서 붙이니 이로 말미암아 사람들이 모두 경계할 줄을 알고, 남들이 물고기를 죽이는 것을 보면 나아가서 알을 가져다가 강에다가 던

졌다. 이와 같이 하기를 한 달 남짓 하고 다시 꿈꾸었는데 신이

말하였다.

"억만 개의 숫자가 이미 찼으니 수명을 연장시킬 수가 있다."

얼마 안 있어서 과연 그렇게 되었다.

宣和間, 富商楊序夢神告曰:"子逾旬當死, 若能救活億萬物命, 可免."
선 화 간 부상 양 서 몽 신 고 왈 자 유 순 당 사 약 능 구 활 억 만 물 명 가 면

序曰:"大期已迫, 物命有限, 未易滿數."
서 왈 대 기 이 박 물 명 유 한 미 이 만 수

神曰:"魚卵不經鹽漬, 三年尚可再活, 盍圖之."
신 왈 어 란 불 경 염 지 삼 년 상 가 재 활 합 도 지

序乃大書神語於通衢壁間, 由是人皆知戒,
서 내 대 서 신 어 어 통 구 벽 간 유 시 인 개 지 계

見人殺魚, 就取卵投之江河. 如是月餘, 復夢神曰:"億萬之數已滿,
견 인 살 어 취 취 란 투 지 강 하 여 시 월 여 부 몽 신 왈 억 만 지 수 이 만

壽可延矣!" 既而果然.
수 가 연 의 기 이 과 연

【평설】 송宋나라 때 부자 상인인 양서楊序가 어느 날 꿈을 꾸었다. 꿈속에

서 신이 나와서 열흘이 안 되어 죽을 운명인데, 셀 수 없을 정도로 많은 동

물의 생명을 구한다면 죽지 않을 수 있다고 했다. 양서는 남은 시간이 부

족해서 힘들다고 하니, 물고기 알을 왜 생각해 내지 못하냐고 반문한다.

물고기는 엄청나게 많은 알을 낳고, 그것을 구한다면 숫자를 채울 수 있다

는 말이었다. 이러한 방법을 사람들에게 알리기도 하고 자신이 직접 물고

기 알이 보이는 대로 구해다가 강에 던졌다. 그러다 보니 어느새 신이 말

한 대로 엄청난 생명을 구한 셈이 되어서 수명을 연장시킬 수 있었다. 여기서 물고기 알은 선행에 다름 아니다. 아주 사소한 선행이라도 남에게 함께할 것을 권유하고, 자신은 본인 나름대로 실천한다면 일상에 변화가 생긴다는 의미로도 해석된다. 수명이 연장되는 것은 실제 수명이라 볼 수도 있지만 다른 시각으로 삶을 대하는 시간이 길어진다는 뜻으로도 읽힌다.

3부

금주하라

33

한 산 술에 백 번 절을 하다

『예기』에 말했다.

"돼지를 길러 안주를 만들고 술을 빚는 것은 화를 일으키려고
한 것은 아니지만 송사訟事가 더욱 많아지는 것은 술의 유폐流弊
가 화를 낳은 것이다. 이런 까닭으로 선왕께서는 술자리에서 지
켜야 할 예절을 만들어서 한 번 술잔을 올리는 예에 손님과 주인
이 백 번이나 절을 하여 하루 종일 술을 마셔도 취할 수가 없게
한 것이니, 이것은 술의 화를 대비한 것이다." (이하는 술 마시는
것을 경계한 것이다.)

『禮』曰: "豢豕爲酒, 非以爲禍也. 而獄訟益繁, 則酒之流生禍也.
예 왈   환 시 위 주 비 이 위 화 야 이 옥 송 익 번 즉 주 지 류 생 화 야
是故先王因爲酒禮, 一獻之禮, 賓主百拜, 終日飮而不得醉焉,
시 고 선 왕 인 위 주 례 일 헌 지 례 빈 주 백 배 종 일 음 이 부 득 취 언
所以備酒禍也." (以下戒飮)
소 이 비 주 화 야   이 하 계 음

【평설】 술 자체는 좋은 음식일 수 있기만 자칫 조절에 실패하면 그로 인한 해로움은 말로 할 수가 없다. 이러한 폐단을 막기 위해서 한 잔 술을 마실 때에도 손님과 주인이 백 번이나 절을 하게 하였다. 당연히 술을 마셔도 술이 깨지 않을 수 없었다. 술로 인한 실수를 막기 위해서도 조금 과하더라도, 예를 차리는 것이 예를 차리지 않는 것보다 훨씬 더 낫다.

34
술을 거절한 두 신하

진공자陳公子 완完이 제齊나라로 달아나서는 주연을 베풀어 환공을 접대하니 환공은 즐거워하였다. 환공이 말하였다.

"불을 밝히고 계속 마시자."

진완이 사양하며 말하였다.

"신은 낮에 모시고 술을 마시는 일은 점쳤지만 밤에 모시고 술을 마시는 일은 점치지 않았습니다."

이 일에 대해 군자는 다음과 같이 논평하였다. "술로써 예를 이루어야 하고, 지나치게 계속하지 않은 것은 의義이다."

제환공이 관중과 술을 마시게 되었는데, 관중이 제환공이 권한 술을 절반쯤 버리면서 말하였다.

"제가 들으니 술이 들어가면 혀가 나오고 혀가 나오면 실언을 하게 되며, 실언을 하게 되면 몸이 버림을 받게 되니 신은 몸을 버리는 것이 술을 버리는 것만 못하다고 여깁니다."

陳公子完奔齊, 飲桓公·酒樂. 公曰: "以火繼之" 辭曰: "臣卜其晝,
진 공 자 완 분 제 음 환 공 주 락 공 왈 이 화 계 지 사 실 신 복 기 주

未卜其夜." 君子曰: "酒以成禮, 不繼以淫義也."
미 복 기 야 군 자 왈 주 이 성 례 불 계 이 음 의 야

齊桓公飲管仲酒, 仲棄其半曰: "臣聞酒入舌出, 舌出言失, 言失身棄,
제 환 공 음 관 중 주 중 기 기 반 왈 신 문 주 입 설 출 설 출 언 실 언 실 신 기

臣以爲棄身不如棄酒."
신 이 위 기 신 불 여 기 주

【평설】 진완陳完은 주연酒宴을 열어 제환공에게 술을 대접하였다. 한참 주흥이 올라 제환공은 불을 밝히고 먹자 했으니 봉준호 감독이 아카데미 시상식에서 "내일 아침까지 술을 마시자"(until the next morning)를 외친 것이나 다름없다. 진완은 밤중까지 이어지는 술판을 단호히 거절한다. 또 다른 예는 관중과 제환공의 이야기다. 관중은 제환공이 권한 술을 절반쯤이나 버린다. 상대방이 따라주는 술을 버리는 것은 상당한 결례가 될 수 있지만, 주는 대로 받아 마시다가 커다란 실수를 하는 것보다는 낫다는 생각에서였다.

술판이 길어지면 꼭 사달이 난다. 2차까지는 몰라도 3차로 접어들면 그야말로 술이 술을 마시는 형국이 된다. 술자리가 길어지게 되면 예기치 않은 시비가 발생하고, 술값도 많이 나오며, 그 다음 날 숙취 때문에 몸이 괴롭다. 지금도 수많은 사건과 사고는 술자리에서 일어난다. 아쉬울 때 적당히 마시고 끝내면 뒤탈이 없다.

35

팔구 년 동안 술을 끊은 병원

병원邴原이 옛날에 술을 잘 마셨다. 그런데 생각과 일을 못 쓰게
함으로써 술을 끊어서 팔구 년 동안을 술을 입에 대지 않았다.

邴原舊能飮酒, 以荒思廢業斷之, 八九年酒不向口.
병 원 구 능 음 주 이 황 사 폐 업 단 지 팔 구 년 주 불 향 구

【평설】 병원邴原은 중국 삼국시대 위魏나라의 학자인데 화흠華歆·관녕管
寧 등과 절친했다. 조조曹操의 부름에 응하여 오관장장사五官將長史 등을
지냈고, 오吳나라 정벌에 공을 세우기도 했다. 문을 잠그고 스스로를 지켜
공무公務가 아니면 집을 나서지 않았다.

여러 기록을 참고해 보면 병원은 보통 사람이 아니었다. 술에 관한 일화는
이러한 사실을 더욱 뒷받침해 준다. 그동안 술을 즐기고 잘 마셔 오다가
어느 날 술이 생각이나 일에 방해가 된다고 생각되는 순간에, 술을 8~9
년 동안 일체 입에 대지 않았다. 무언가를 끊지 않고서 큰 일을 한 사람은

아무도 없다. 예신의 잘못된 생활 습관과 단호히 결별을 고하는 일은 새로운 나를 만들어 준다.

36

석 잔 술을 넘기지 않았던 도간

도간陶侃은 술을 마실 적에 일정한 한도가 있었다. 항상 충분히 기쁨을 누리지 못하였더라도, 한도에 이르면 술 마시기를 끝냈다. 어떤 사람이 조금 더 마시라고 권하자 도간이 한참 동안 구슬퍼하다가 말하였다. "젊었을 때 술로 실수한 적이 있어서 돌아가신 부모님께 약속을 했으므로 감히 한도를 넘지 못합니다."

陶侃飲酒有定限. 常歡有餘而限已竭. 或勸少進, 侃凄愴良久, 曰:
도 간 음 주 유 정 한 상 환 유 여 이 한 이 갈 혹 권 소 진 간 처 창 량 구 왈
"年少曾有酒失, 亡親見約, 故不敢踰."
연 소 증 유 주 실 망 친 견 약 고 불 감 유

【평설】 도간陶侃은 도연명의 할아버지다. 이 사람은 자기 관리가 투철했던 사람이었다. 광주 자사廣州刺史가 되어 광주에서 일이 없자 매일 새벽에 집 밖에다 기와 100장을 옮겼다가 날이 저물면 집안으로 옮겨다 놓았다. 사람들이 그 까닭을 묻자 "내가 중원의 통일에 힘을 기울이고 있는데,

너무 한가하게 지내다 보면 그 흥인 시명을 감당할 수 없을 것 같아서 그렇소"라 했다. 이렇게 나태해지려는 자신을 끊임없이 독려하였다.

도간의 어머니도 보통 사람은 아니었다. 도간의 부친이 일찍 세상을 떠나자 아주 엄하게 자식을 키웠다. 그러나 늘 엄격하기만 한 것은 아니었다. 도간의 집에 범규范逵가 방문했을 때 대접할 것이 없자, 도간의 어머니가 머리칼을 잘라 술과 안주를 마련해 주었다. 아들을 위해서라면 자신의 머리카락도 주저없이 잘랐다. 또 도간이 어장漁場을 감시하는 관리가 되어 젓갈 한 통을 어머니에게 보냈는데, 그의 어머니가 젓갈을 되돌려 보내면서 야단을 치기도 했다.

도간은 언제나 술을 마실 때 석 잔을 한도로 삼아 그쳤다. 한참 주흥이 올라도 규칙을 어기지 않았다. 주사를 부린 일로 어머니가 혼쭐낸 뒤에 절대로 술을 마셔도 석 잔을 넘겨 마시지 않았다. 그가 대장군이 되어 반란을 진압한 뒤에 조정의 관료들을 초청해서 술을 마셨다. 석 잔까지 마셨지만 그 이상은 사양했다. 사람들이 연유를 묻자 어머니와의 약속을 말해 주었다. 그가 세운 규칙에는 언제나 예외란 없었다.

역시 그 어머니에 그 아들이었다. 어머니는 모든 것을 아들에게 베풀었지만 엄한 훈도는 잃지 않았다. 어머니는 자신이 혼내야 세상에서 욕을 먹지 않는다는 사실을 잘 알고 있었기 때문이다. 아들은 그런 어머니에게 배워 엄격하게 자신을 관리했다.

나의 스승 일평 조남권 선생님께서도 젊을 때 술을 드시고 모자를 잃어버린 후 단주를 실천하셨다고 했다. 자신에게 한없이 관대해서 하면 안 되는 실수 끝에, 한평생 돌이킬 수 없는 실수를 저지르는 경우도 많다. 어찌 보면 누군가에게는 사소하다고 할 실수다. 그러나 그 일을 기억하고는 평생 다시는 같은 실수를 반복하지 않으려고 노력했다. 다짐을 하기는 쉽지만 다짐을 유지하기란 쉽지 않다.

37

고을 수령의 치민 비결

유현명劉玄明이 산음현의 수령이었을 때에 새로 부임하는 수령에게 말하였다.

"고을살이 할 때에는 오직 날마다 한 되의 밥만 먹고 술은 마시지 말 것이니 이것을 제일가는 계책으로 삼았소."

劉玄明爲山陰令, 告新尹曰, "作縣, 唯日食一升飯, 莫飲酒, 此爲第一策."
유 현 명 위 산 음 령 고 신 윤 왈 작 현 유 일 식 일 승 반 막 음 주 차 위 제 일 책

【평설】 이 글은 『목민심서』에도 나온다. 치민治民의 재주가 있었던 유현명에게 후임 관리인 부회傅翽가 와서 그 비결을 물었다. 유현명은 이렇게 말한다. 날마다 밥을 조금만 먹고 술은 마시지 말라. 한마디로 절식과 금주를 당부한 셈이다. 적게 먹는 것은 관의 곡식을 지나치게 축내지 말고 청렴하게 생활하라는 뜻이고 술을 끊으라는 것은 항상 명징한 정신으로 올바른 판단을 하라는 의미였다.

38

술을 권하는 법, 술을 사양하는 법

왕숙王肅의 「가계」家誡에 말했다.

"무릇 주인이 되어서 손님에게 술을 대접할 때에는 손님으로 하여금 술기운이 오른 얼굴빛이 있게 할 따름이고, 손님으로 하여금 흠뻑 취하는 일은 없게 해야 한다. 만약에 다른 사람들에게 억지로 권함을 받게 되면, 반드시 자리에서 떠나서 무릎을 꿇고 아버지의 경계를 가지고서 사양을 해야 한다. 경중敬仲은 임금에게도 사양을 했는데 더구나 다른 사람에 있어서야 말할 나위가 있겠는가."

王肅家誡曰: "凡爲主人飮客, 使有酒色而已, 無使至醉. 若爲人所强, 必退席長跪, 稱父戒以辭之. 敬仲辭君, 而況於人乎?"

【평설】 자신이 다른 사람에게 술을 대접하는 경우와 다른 사람이 자신에

게 술을 권하는 성수 두 가지 상황에 대하여 말하고 있다. 한 마디로 정리하자면 남들을 취하게 하지도 말고, 남이 권하는 술에 취하지도 말라는 것이다. 특히 술을 거절할 때 아버지의 경계를 핑계로 대라는 것과, 임금에게도 술을 거절했던 진완陳完의 고사를 사용한 것이 흥미롭다.

39

『주훈』을 만들어 황제를 기쁘게 한 고윤

고윤高允이 칙명을 받아서 지난 세대에 술이 도덕을 그르친 일을
모아서『주훈』酒訓이라고 하니 효문孝文이 보고서 기뻐했다.

高允被敕, 論集往世酒之敗德者以爲『酒訓』, 孝文覽而悅之.
고 윤 피 칙 논 집 왕 세 주 지 패 덕 자 이 위 주 훈 효 문 람 이 열 지

【평설】 고윤高允(390~488)은 북위北魏 발해渤海 수현蓨縣 사람으로 자는
백공伯恭이다. 어려서 아버지를 잃고, 열 살 때는 할아버지까지 잃음으로
써 어린 시절을 불우하게 보내다가 승려가 되었다. 법명은 법부法浮였는
데 얼마 뒤 환속했다. 문학을 좋아했고, 경사經史 외에 천문과 술수術數에
도 정통했다.

문성제文成帝가 즉위하자 중서령中書令에 오르고, 항상 궁중에 들어가 종
일 자문에 응했는데, 황제가 그를 영공令公이라 부르며 이름을 부르지 않
았다. 헌문제獻文帝 때 풍태후馮太后의 인정을 받아 대정大政에 참여했다.

율령律令을 제정하고 학교를 일으켰으며, 군국軍國의 중요한 문서들이 그의 손에서 나왔다. 효문제孝文帝가 즉위하자 함양공咸陽公에 올랐다. 태화太和 2년(478) 질병으로 사직하고 귀향했는데, 나중에 진동대장군鎭東大將軍이 되어 중서감中書監을 이끌었다. 예언대로 100세를 눈앞에 둔 98세의 나이로 죽었다. 앞뒤로 다섯 황제를 섬겼고 50여 년 동안 벼슬하였는데 강직한 신하로 소문이 났다.

성대중成大中은『청성잡기』靑城雜記에서 "옛말에 '마음이 한결같으면 10명의 왕을 섬길 수 있다' 하였다. 옛날에 위태로운 조정에서 벼슬하여 의심 많고 포학한 왕을 섬기면서도 화를 면한 자는 이런 마음을 지녔기 때문이다. 한나라의 급암汲黯, 제나라의 채흥종蔡興宗, 위魏나라의 고윤高允, 수나라의 이강李綱이 바로 그런 사람들이다"라 하였다. 이처럼 고윤은 처세에 남다른 면모가 있었던 것만은 확실해 보인다. 그가 술로 인해 나쁜 행실을 저지른 사례들을 모아서『주훈』을 쓰자 황제가 기뻐했다. 이 책이 황제와 신하들 모두에게 술로 인한 폐해를 담은 좋은 교과서가 되었다.

40

자제들에게 충고를 한 유빈

유빈柳玭이 자제를 타일러서 말하였다.

"한가히 노는 것을 높이고 좋아하며 술을 몹시 좋아해서 술잔을 나누는 것을 고상한 운치로 여기고, 부지런히 일하는 것을 속물로 여기니, 이러한 습관은 마음을 거칠게 만들기 쉬워 잘못인 것을 깨달아도 이미 뉘우치기가 어렵다."

柳玭戒子弟曰: "崇好優遊, 耽嗜麴蘗, 以啣杯爲高致, 以勤事爲俗流.
유 빈 계 자 제 왈   숭 호 우 유 탐 기 국 얼   이 함 배 위 고 치   이 근 사 위 속 류
習之已荒, 覺已難悔."
습 지 이 황   각 이 난 회

【평설】 유빈은 당나라 유공작柳公綽(765~832)의 손자이자 유중영柳仲郢 (?~864)의 아들로, 자는 직청直淸이다. 유공작은 당나라 경조 화원京兆華原 사람으로 자字는 관寬 또는 기지起之이다. 당나라 때 하동절도사河東節度使 를 지냈다. 유중영은 천평 절도사와 경조윤京兆尹을 지냈다. 모여서 노는

섯을 좋이히고 질펀하게 술파을 벌이는 것은 멋진 일이라 하면서, 거꾸로 부지런히 일하는 사람은 멋도 없는 꽉 막힌 사람 취급을 한다. 악화가 양화를 구축한 셈이다. 멀쩡한 사람에게 지적받을 흐리멍덩한 사람이 오히려 멀쩡한 사람을 지적하는 전도된 상황은 요즘에도 심심치 않게 일어난다.

41

술은 미치게 하는 약이다

범공질范公質이 조카를 타일러서 말하였다.

"너에게 술을 즐기지 말라고 경계하노니 술은 미치게 만드는 약이요 좋은 맛이 아니다. 능히 삼가고 돈후한 성품을 바꾸어서 흉하고 험악한 무리가 되게 하니, 고금에 술로 인해 실패한 자들을 뚜렷하게 다 기억할 수가 있다."

范公質誡子曰: "戒爾勿嗜酒, 狂藥非佳味, 能移謹厚性, 化爲凶險類,
범 공 질 계 자 왈 계 이 물 기 주 광 약 비 가 미 능 이 근 후 성 화 위 흉 험 류
古今傾敗者, 歷歷皆可記."
고 금 경 패 자 역 력 개 가 기

【평설】 이 글은 『소학집주』小學集註 「가언」嘉言에 나온다. 북송北宋의 명재상인 노국공魯國公 범질范質이 조카 범고范杲가 품계品階를 올려 주기를 청하자, 범질이 위의 시를 지어 그를 깨우쳤다. 내용은 이렇다. "술은 사람을 미치게도 할 수 있다. 자칫 좋았던 성품마저 일순간에 괴물로 바꾸어

버린다. 고금에 걸쳐 술 때문에 패가망신한 사람이 한두 사람이 아니다."

품계를 올려 달라는 청탁에 이렇게 답하는 걸 보니 조카인 범고는 술버릇이 좋지 않았던 모양이다. 한마디로 말하자면 이렇다. "일단 술버릇부터 고치고 승진 문제는 그 다음에 보자."

42

다섯 잔을 넘지 않게 마신 진관

진관陳瓘[1]이 한 말 남짓 되는 주량인데도 매번 술을 마실 때에는 다섯 잔을 넘지 않았다. 비록 친척들을 만나서 간간이 기쁜 일이 있더라도 큰 잔에 가득히 따라 마시는 데에 불과했으니, 오래 술을 마시면 일을 그만두게 되는 것을 두렵게 여겨서였다. 날마다 정해진 일과가 있어서 닭이 울 때로부터 일어나서 하루 종일 쓰고 읽어서 작은 서재를 떠나지 않았으며, 피곤하면 잠을 자고 잠에서 깨고 나면 곧바로 일어나서 베개 위에서 엎치락뒤치락하지 않았고, 밤마다 반드시 손에 들고 다니는 등불을 침상 옆에 두었다가 몸소 등불을 들고 책상에 나아갔으니 심부름하는 아이를 부르지 않았다.

陳瓘有斗餘酒量, 每飮不過五爵. 雖會親戚, 間有歡適,
진 관 유 두 여 주 량 매 음 불 과 오 작 수 회 친 척 간 유 환 적

不過大白滿引, 恐以長飮廢事, 每日有定課,
불 과 대 백 만 인 공 이 장 음 폐 사 매 일 유 정 과

自雞鳴而起 終日寫閱 不離小齋 倦則就枕 既寤即興
자 계 명 이 기 종 일 사 열 불 리 소 재 권 즉 취 침 기 오 즉 흥

不肯偃仰枕上 每夜必置行燈於牀側 自提就案 不呼喚使者
불 긍 언 앙 침 상 매 야 필 치 행 등 어 상 측 자 제 취 안 불 호 환 사 자

【평설】 진관은 남들보다 못하는 술이 아니었다. 그러나 그는 다섯 잔 이상
의 술은 마시지 않았다. 술을 아예 마시지 않는 것보다, 주흥이 올랐을 때
중도에서 그만 마시는 것이 더 어렵다. 술은 그날뿐 아니라 그 다음 날까
지, 심하면 며칠에 걸쳐 몸의 컨디션을 형편없이 만든다. 그러니 그 다음
날 자기 일에 지장이 없을 정도로만 마셔야 한다.

---

1 진관(陳瓘, 1057~1124): 송(宋)나라 철종(哲宗) 때 사람으로, 자는 영중(瑩中), 호는 요옹(了
翁)이다. 상수학(象數學)에 밝았고, 조정에 있을 때 강직하기로 이름이 높았다. 저서로 『존요
집』(尊堯集) 등이 있다.

43

한평생 취하도록 마시지 않다

장문충공張文忠公이 주량이 남보다 많았다. 어머니의 나이가 많았는데 꽤나 걱정하였다. 가존도賈存道[2]가 그가 술 때문에 학문을 그만두고 병이 날까 염려가 되어서 시로 써서 보였다.

"성스러운 임금께서 은혜가 두터워서 장원으로 뽑히고, 어머니는 연세 많아 호호백발 되었도다. 임금의 총애와 어머니의 은혜를 모두 보답을 못 했는데, 술로 만일 병이 들면 뉘우친들 무엇하랴?"

문충文忠이 이로부터 친한 손님을 대할 때가 아니면 술을 마시지 않았으며 한평생 취하는 데 이르지 않았다.

張文忠公飮量過人. 太夫人年高, 頗憂之. 賈存道慮其以酒廢學生疾,
장 문 충 공 음 량 과 인 태 부 인 연 고 파 우 지 가 존 도 려 기 이 주 폐 학 생 질

示以詩曰: "聖君恩重龍頭選, 慈母年高鶴髮垂, 君寵母恩俱未報,
시 이 시 왈 성 군 은 중 용 두 선 자 모 연 고 학 발 수 군 총 모 은 구 미 보

酒如成病悔何追?" 文忠自是非對親客不飮, 終身不至醉.
주 여 성 병 회 하 추 문 충 자 시 비 대 친 객 불 음 종 신 부 지 취

【평설】 이 글에서 잠무충공 곧 장거정張居正(1525~1582)이라 했는데 이는 잘못된 것으로 채제蔡齊에게 있었던 일이다. 송대宋代의 은사隱士인 가동賈同은 제주 통판濟州通判 채제가 너무 이른 나이에 출세하여 주색에 빠지자 경계의 의미로 시를 지어 보냈다. 채제는 이 시를 받고 뉘우치고는 평생 술에 크게 취하는 일이 없었고 뒤에 참지정사參知政事까지 올랐다고 한다.

어린 나이에 장원 급제가 되어 갑작스레 목표를 잃었는지 술독에 빠져 지냈다. 이런 일은 뽑아 준 임금의 총애와 길러 준 어머니의 은혜 모두를 저버리는 것이다. 게다가 술로 인해 몹쓸 병이라도 걸리고 난 뒤 후회해 봐야 소용없는 일이다. 한 사람은 충언을 했고 한 사람은 크게 깨우쳤다.

---

2 가동(賈同, ?~?): 송나라 청주(靑州) 임치(臨淄) 사람. 원명은 망(罔)이고, 자는 공소(公疏)다. 제자들이 사시(私諡)하여 존도선생(存道先生)이라 불렀다. 저서에 『산동야록』(山東野錄) 7편과 『간서』(諫書) 4편이 있다.

44

황제에게 절주를 간언하다

북제北齊 문선文宣이 좌우사람들과 함께 술을 마시면서 말하기를 "통쾌하도다 큰 즐거움이여"라고 하니 왕굉王紘이 말하기를 "긴 긴 밤에 술독에 빠져 마시면서 나라가 망하는 것도 깨닫지 못하면 또한 큰 고통이 있게 됩니다"라고 하니 황제가 듣고 잠자코 있었다.

北齊文宣與左右飲曰: "快哉大樂." 王紘曰: "長夜荒飲, 不悟國破,
북 제 문 선 여 좌 우 음 왈   쾌 재 대 락   왕 굉 왈   장 야 황 음 불 오 국 파
亦有大苦." 帝默然.
역 우 대 고   제 묵 연

【평설】 술 때문에 자신은 물론 나라를 망하게 하는 사례는 어렵지 않게 찾아볼 수 있다. 보통 사람은 술독에 빠졌다가 패가망신하면 그뿐이지만, 군주가 지나치게 통음痛飲을 하게 되면 나라 전체를 위험에 빠뜨릴 수 있다.

45

술 때문에 망한 사람들

상나라의 수受라는 이름을 가진 주왕紂王이 술에 잔뜩 취하니 하늘이 나라가 망해 없어지는 재앙을 내렸고, 희화羲和씨가 술독에 빠지니 윤후胤侯가 막아서 정벌하였다. 정鄭나라 대부 백유伯有는 땅속을 파서 집을 짓고 긴긴밤에 술 마시는 자리로 삼으니 자석子晳이 그를 쳐서 그곳을 불사르고 양고기 파는 가게에서 죽였다.

초나라 자반子反이 사마司馬가 되어서 술에 취해서 자는데, 초왕楚王이 진晉나라와 더불어 전투를 하게 되어 자반을 부르자 심질(심장병)이 있다 핑계 대고 가지 않았다. 왕이 곧바로 막사 안으로 들어갔다가 술 냄새를 맡고서 말하였다.

"오늘의 전투에 믿는 사람은 사마였는데 이처럼 취한 지경에 이르렀으니 이것은 나라를 망치고 백성들을 버리는 일이오"라 하고 그를 쏘아 죽였다.

주의周顗가 친구와 술을 마시고 크게 취하여 (술이 깨어서 살펴보니) 친구가 옆구리가 썩어서 죽었다. 또, 관부灌夫는 술에 취하자 좌중을 꾸짖었다가 무제 때에 복주伏誅되었다.

그러므로 피일휴皮日休는 술의 도를 지목하기를 "위로는 주색에 빠져서 바뀌게 되면 변화가 나라를 망하게 하고, 아래로는 미친 듯이 마셔서 곤드레만드레 취함에 바뀌게 되면 그 변화가 자신을 죽이게 한다"라고 하였다.

商受沈酗, 上天降喪. 羲和酒荒, 胤侯阻征.
상 수 침 감 상 천 강 상 희 화 주 황 윤 후 조 정

鄭大夫伯有掘地築室爲長夜飮, 子晳伐而焚之, 死於羊肆.
정 대 부 백 유 굴 지 축 실 위 장 야 음 자 석 벌 이 분 지 사 어 양 사

楚子反爲司馬, 醉而寢, 楚王欲與晉戰, 召之辭以心疾,
초 자 반 위 사 마 취 이 침 초 왕 욕 여 진 전 소 지 사 이 심 질

王徑入幄, 聞酒臭曰: "今日之戰, 所恃者司馬, 而醉若此,
왕 경 입 악 문 주 취 왈 금 일 지 전 소 시 자 사 마 이 취 약 차

是亡吾國而不恤吾衆也." 射殺之. 周顗故人與飮酒大醉, 腐脅而死,
시 망 오 국 이 불 휼 오 중 야 사 살 지 주 의 고 인 여 음 주 대 취 부 협 이 사

灌夫酒酣罵座, 武帝時伏誅, 故皮日休目酒之道: 上爲淫溺所化,
관 부 주 감 매 좌 무 제 시 복 주 고 피 일 휴 목 주 지 도 상 위 음 닉 소 화

化爲亡國; 下爲凶酗所化, 化爲殺身.
화 위 망 국 하 위 흉 후 소 화 화 위 살 신

【평설】 상나라 주왕紂王, 하나라 희씨羲氏와 화씨和氏, 양소良霄, 사마자반司馬子反, 주의周顗, 관부灌夫는 상황은 각기 다르지만 모두 술 때문에 자신이나 나라에 큰 해를 끼친 사람들이다. 그들은 모두 끝이 좋지 않았다. 피일휴는 이러한 술의 폐해에 대해서 나라를 망하게 하기도 하고 자신을 죽

게도 한다고 하셨나. 그러니 대개 술은 자기 하나만 망하고 끝나지 않는다. 지나친 음주는 자기를 해칠 뿐 아니라 남들에게 씻을 수 없는 피해를 준다.

46

두 개의 도끼로 한 그루 나무를 찍어 내다

원나라 우상右相인 아사불화阿沙不花가 무제武帝의 낯빛이 날마다 초췌해지는 것을 보고서 간하여 말하였다.

"여덟 가지 진기한 음식 금할 줄을 알지 못하고, 만금 같은 몸을 아낄 줄을 알지 못하며, 오직 술만을 좋아하고 비빈만을 탐하시니 이것은 두 개의 도끼로 한 그루의 나무를 찍어 내는 것과 같아서, 넘어지지 않는 경우가 있지 않습니다."

다음 해에 황제가 죽었으니 나이가 서른한 살이었다.

元右相阿沙不花, 見武帝容色日悴, 諫曰: "八珍之味不知御,
원 우 상 아 사 불 화 견 무 제 용 색 일 췌 간 왈 팔 진 지 미 부 지 어

萬金之身不知愛, 惟麴蘗是好,
만 금 지 신 부 지 애 유 국 얼 시 호

嬪嬙是眈, 是猶兩斧伐孤樹, 未有不顚仆者." 次年帝崩, 壽三十一.
언 빈 시 탐 시 유 량 부 벌 고 수 미 유 부 전 부 자 차 년 제 붕 수 삼 십 일

【평설】 신하는 황제의 낯빛이 심상치 않음을 직감했다. 주색을 밝히는 일

은 한 그루의 나무를 두 개의 도끼로 찍어 내는 것과 같다고 간언을 한다. 여기서 한 그루 나무는 황제의 몸이고, 두 개의 도끼는 술과 여색을 의미한다. 그러나 때늦은 간언이었던지 황제는 31살에 짧은 생을 마감했다. 타고난 건강 체질도 관리하기에 따라 달라진다. 몸과 정신 모두 절제가 필요한 이유이다.

47

불경에 나오는 술의 폐해

불경에 이른다.

"만약에 항상 근심으로 괴로워하면 근심이 드디어 더 늘어나고, 만약에 사람이 잠자는 것을 좋아하면 잠이 곧 늘어나니, 여색을 탐하고 술을 즐기는 것도 또한 다시 이와 같다."

"술의 가장 큰 실수는 선법^{善法}을 파괴하는 것이니 차라리 날카로운 칼로써 혀뿌리를 끊어서 이 혓바닥으로써 욕망에 물드는 일을 말하지 않게 하여야 한다."

"술을 마시기를 좋아해서 취하게 되면 비시지옥^[沸屎泥犁] 속에 떨어진다. 여기에서 죄가 다 끝나서 나오게 되면 성성이 속에 태어난다. 그러다가 뒤에야 사람이 되게 되나, 미련해서 아는 것이 없게 된다."

"선래비구^{善來比丘}3는 아라한이 독룡을 항복시킬 수 있다는 것을 증명하였으나, 나중에 마실 것 속에 있는 술을 마셔서 크게 취하게 되면 드디어 신통함을 잃게 되어서 장어도 항복시킬 수 없게 되니 어찌 나시 독룡을 항복시킬 수 있겠는가."

經云: "若常愁苦, 愁遂增長. 如人喜眠, 眠則滋多. 貪淫嗜酒,
경 운 약 상 수 고 수 수 증 장 여 인 희 면 면 즉 자 다 탐 음 기 주

亦復如是."
역 부 여 시

"酒失最上, 破壞善法, 寧以利刀斷於舌根, 不以此舌, 說染欲事."
주 실 최 상 파 괴 선 법 영 이 리 도 단 어 설 근 불 이 차 설 설 염 욕 사

"喜飮酒醉, 墮沸屎泥犁之中, 罪畢得出, 生猩猩中, 後得爲人,
희 음 주 취 타 비 시 니 리 지 중 죄 필 득 출 생 성 성 중 후 득 위 인

頑無所知."
완 무 소 지

"善來比丘證阿羅漢, 降伏毒龍, 後飮漿中酒大醉, 遂失神通,
선 래 비 구 증 아 라 한 항 복 독 룡 후 음 장 중 주 대 취 수 실 신 통

不能降鱔, 豈復能降龍也."
불 능 항 선 기 부 능 항 룡 야

【평설】 술이나 여색이나 집착할수록 더 빠져들게 마련이다. 술을 마시게

되면 안 할 말을 하게 되며, 취생몽사醉生夢死 속에 살다 지옥에 떨어진다.

다시 원숭이로 태어났다가 멍청한 인간으로 태어나게 된다. 술은 독룡도

항복시킬 수 있는 능력의 소유자를 하루아침에 장어 한 마리도 항복시킬

수 없는 무능력자로 만들기도 한다. 한마디로 술을 끊으라는 말씀이다.

3 선래비구(善來比丘): 일정한 의식 절차를 거치지 않고, 붓다가 출가하려는 이에게 "어서
오라, 비구야"라고 함으로써 구족계(具足戒)를 받은 것으로 간주하여 비구가 된 자.

48
술과 고기를 먹지 않으면 복받을 일이다

홍주洪州의 염사廉使4가 마조馬祖에게 물었다.

"술과 고기를 먹는 것이 옳습니까? 먹지 않는 것이 옳습니까?"

마조가 말하였다.

"만약에 먹는다면 중승中丞5의 녹이고, 먹지 않는다면 중승의 복입니다."

洪州廉使問馬祖曰: "喫酒肉即是, 不喫即是?" 祖曰: "若喫是中丞祿,
홍주염사문마조왈 끽주육즉시 불끽즉시 조 왈 약끽시중승록
不喫是中丞福"
불 끽 시 중 승 복

【평설】 한 관리가 술과 고기를 먹어야 하는지에 대해서 그 유명한 마조 선사에게 물었다. 마조 선사는 이렇게 답하였다. 술과 고기를 먹는 것은 일을 한 대가를 받는 일이고, 술과 고기를 먹지 않는 것은 복을 짓는 일이라 말한다. 전자는 세속의 인과법에서 벗어나지 못한 것이지만, 후자는 탈세

속의 즐거움을 누린다는 의미다. 그러니 답은 정해진 셈이다. 술과 고기를 먹는 것을 끊어야 복을 받을 수 있다.

---

4 염사(廉使): 안찰사(按察使)의 다른 이름.
5 중승(中丞): 중국의 벼슬 이름. 정무를 감찰하는 어사(御史)의 하나.

49

술은 수명을 단축시킨다

숭진궁崇眞宮의 도사 공상현龔尙賢이 소주를 지나치게 마시고서는 자리에 누워서 등불을 불어서 불을 끄다가 불이 붙어 목구멍 속으로 들어가서 타 죽었다. 대저 술에는 모두 불이 숨겨져 있으니 다만 소주뿐만이 아니다.

외가 친척인 조옹曹翁은 서울에 살고 있었는데 90여 세인데도 걸음걸이가 젊은 사람과 같았다. 사람들이 그의 주량을 묻자 술은 한 방울도 마시지 않는다고 했으니, 술은 수명을 단축시킬 수 있다는 것을 알 수 있다.

崇眞宮道士龔尙賢, 飮燒酒過多, 向臥吹燈, 引火入喉中, 燒死.
숭 진 궁 도 사 공 상 현 음 소 주 과 다 향 와 취 등 인 화 입 후 중 소 사

大抵酒皆有火, 非但燒酒也.
대 저 주 개 유 화 비 단 소 주 야

母族曹翁居京師, 九十餘, 步履如壯. 人問其量, 酒涓滴不飮,
모 족 조 옹 거 경 사 구 십 여 보 리 여 장 인 문 기 량 주 연 적 불 음

可知酒之能損壽矣.
가 지 주 지 능 손 수 의

【평설】 여기 두 사람이 있다. 한 사람은 술로 인해 빨리 죽은 사람이고 다른 한 사람은 술을 끊어 장수한 사람이다. 간혹 술을 먹어도 장수한 사람이 있기도 하고 술을 먹지 않아도 요절한 사람이 있기는 하다. 그러나 대개의 경우 술이 건강과 장수에 방해가 된다는 것은 상식에 가깝다. 젊은 시절에 두주불사斗酒不辭했던 사람도 나이가 들어가면서 절주節酒와 금주禁酒로 돌아서는 이유다.

50

음주할 때 특히 조심할 일들

『활인심』에 이른다.

"술은 비록 본성을 기쁘게 하고 혈맥을 통하게 할 수는 있으나, 풍을 부르며 신장을 망가뜨리게 하고, 창자를 녹이고 옆구리를 썩게 하는 것이 이것보다 더한 것은 없다. 그러니 배불리 먹은 뒤에는 더욱 마땅히 경계하여야 한다. 술을 마실 적에는 절제하지 않고 빠르게 먹는 것이 좋지 않으니, 폐를 상하게 할 염려가 있기 때문이다. 폐는 오장의 빛나는 일산[華蓋]이 되니 더욱 손상시켜서는 안 된다. 술을 마셔서 술이 깨기 전에 몹시 갈증이 날 때 물이나 차를 마시면 안 되니, 술이 신장으로 많이 끌려 들어가게 되면 독한 물이 되어서 허리와 다리로 하여금 무겁게 축 처지게 하고 방광이 차고 아플 뿐 아니라 부종, 소갈증, 다리에 경련이 나는 증세 등이 생길 수 있다."

活人心云: "酒雖可以陶情性, 通血脈, 然招風敗腎, 爛腸腐脅,
활인심운 주수가이도정성 통혈맥 연초풍패신 난장부협

莫過於此. 飽食之後, 尤宜戒之.
막 과 어 차 포 식 지 후 우 의 계 지

飲酒不宜粗及速, 恐傷破肺. 肺爲五臟之華蓋,
음 주 불 의 조 급 속 공 상 파 폐 폐 위 오 장 지 화 개

尤不可傷. 當酒未醒, 大渴之際, 不可吃水及啜茶, 多被酒引入腎髒,
우 불 가 상 당 주 미 성 대 갈 지 제 불 가 흘 수 급 철 다 다 피 주 인 입 신 장

爲停毒之水, 遂令腰脚重墜, 膀胱冷痛, 兼水腫·消渴·攣躄之疾."
위 정 독 지 수 수 령 요 각 중 추 방 광 냉 통 겸 수 종 소 갈 연 벽 지 질

【평설】 이 글은 허준의 『동의보감』과 주권朱權의 『활인심』活人心에 나온

다. 술은 약간의 장점과 많은 단점을 가지고 있다. 대개는 건강에 좋지 않

은 작용을 한다. 특히 조심할 부분은 배불리 먹은 뒤에 음주, 거칠고 빠르

게 마시는 것, 갈증이 날 때 물이나 차를 마시는 일 등이다. 배불리 먹은 뒤

에 음주는 소갈병을 유발하고, 거칠고 빠른 음주는 폐를 상하게 해서 다뇨

증상을 유발하며, 음주 후에 물이나 차를 먹으면 부종이 생긴다.

51

술은 공경의 마음을 해친다

김인산金仁山6이 말하였다.

"무릇 사람이 공경하게 되면 마음 내키는 대로 하지 않게 되나, 마음 내키는 대로 하면 공경하지 못하게 된다. 상商나라의 군신이 한결같이 공경을 근본으로 하자 천하의 사물로도 그들의 마음을 움직일 수 없게 되었거늘 하물며 감히 술로다 몸을 버릴 수 있겠는가."

金仁山曰: "夫人敬則不縱欲, 縱欲則不敬. 商之君臣, 一本於敬,
김 인 산 왈 부 인 경 즉 부 종 욕 종 욕 즉 불 경 상 지 군 신 일 본 어 경
舉天下之物, 不足以動之, 況敢荒敗於酒乎?"
거 천 하 지 물 부 족 이 동 지 황 감 황 패 어 주 호

【평설】 경敬은 생각이나 헤아림을 중단한 상태에서 마음을 고요하게 간직하는 것이다. 경敬하게 되면 함부로 행동하지 않게 된다. 군신의 기본을 경으로 하게 되자 군신 사이에 흔들림이 없었다. 그러나 이런 마음의 평정

상태를 깨뜨리는 돌발변수는 역시 술이었다. 술을 마시면 행동이 달라지고 그러다 보면 군신의 관계도 위태로워질 수 있다. 사람과의 거리는 필요한 법이니, 거리가 무조건 좁혀진다고 좋을 것도, 거리가 무조건 멀어진다고 나쁠 것도 없다. 술은 때때로 그 사람과의 거리를 급격하게 좁힐 수도 있지만, 그와 반대로 급격하게 멀어지게 할 수도 있다. 알코올이 가져다 주는 인간관계의 착시 효과에 속아서는 안 되는 이유다.

---

6 김이상(金履祥, 1232~1303): 송말원초 때 절강(浙江) 난계(蘭溪) 사람. 이름은 상(祥) 또는 개상(開祥), 이상(履祥)이고, 자는 길보(吉父)며, 호는 차농(次農)이고, 시호는 문안(文安)이다. 원나라가 들어서자 벼슬하지 않고 인산(仁山)에 은거하여 사람들이 '인산선생'이라 불렀다. 경전에 관련된 각종 주석서를 저술하였다.

52

생명을 해치고 덕을 무너뜨리는 술과 여색

설문청薛文淸Z이 말하였다.

"술과 여색과 같은 종류는 사람으로 하여금 의지와 정신이 흠뻑 취해서 황폐하게 만들어 생명을 해치고 덕을 무너뜨리는 것이 이것보다 더 심한 것은 없다. 세상의 풍속에서는 술과 여색을 즐겁게 하는 것이라 여기고 그 나머지에 과연 무슨 즐거움이 있는지를 알지 못한다. 오직 마음이 깨끗하고 욕심이 줄어들면 기운이 평온해지고 몸이 편안하게 되니 즐거움이 어떠함을 알 수 있을 것이다."

薛文淸曰: "酒色之類, 使人志氣昏酣荒耗, 傷生敗德, 莫此爲甚.
설 문 청 왈 주 색 지 류 사 인 지 기 혼 감 황 모 상 생 패 덕 막 차 위 심
俗以爲樂, 餘不知果何樂也. 惟心淸欲寡, 則氣平體胖, 樂可知矣!"
속 이 위 락 여 부 지 과 하 락 야 유 심 청 욕 과 즉 기 평 체 반 낙 가 지 의

【평설】 술과 여색은 몸을 상하게 하고 망신살을 뻗치게 하는 데에 이보다

더 심한 것은 없다. 그런데도 사람들은 술과 여색만이 사람을 즐겁게 하고 다른 즐거운 것이 있는 줄 모른다. 술과 여색을 통한 즐거움은 진정한 즐거움이 아니다. 술과 여색은 순간적인 쾌락만을 가져다준다. 하지만 순간적인 쾌락을 찾은 대가를 톡톡히 치러야 한다. 그렇다면 진정한 즐거움은 어떻게 찾을 수 있나? 마음을 깨끗이 하고 욕심을 줄이면 자연스레 몸과 마음이 즐겁게 된다.

_7_ 설선(薛瑄): 중국 명(明)나라 때의 성리학자(性理學者). 시호는 문청공(文淸公), 호는 경헌(敬軒), 자(字)는 덕온(德溫). 설선의 학문은 한결같이 정주(程朱)를 종주(宗主)로 삼았다. 저서로 『독서록』(讀書錄)이 있다.

53

유가도 살생과 음주에 대해 예외일 수는 없다

산 것을 죽이고 음주를 숭상하는 것은 입과 배를 채우는 무리들이다. 그러므로 여기에 덧붙여 열거한다. 어떤 이는 말하였다. "천지는 사물을 낳아서 사람을 기르고, 선왕들은 술을 만들어 기쁨을 같이했으니 유자儒者가 금지하는 것이 아니다. 금주와 살생, 두 개의 계명이 보이는 것은 거의 속세를 떠나 선도禪道에 들어간 것이니, 어째서 예를 폐하는 것인가?"

아! 순임금의 덕은 살리는 것을 좋아했고, 우임금은 의적儀狄[8]을 소원히 했으니 성인은 애당초 경계하지 아니치 않았다. 곧 능히 그렇게 하지 못하더라도 소동파는 스스로 죽은 고기를 먹고 도간은 술을 마시는 것에 한정이 있었다 하였다. 그러니 어찌 반드시 이것으로써 실정에 맞지 않게 석가의 말을 말했다고 여겨서 함부로 점검할 줄을 알지 못하는 것은 유가로 귀의한다는 이름을 빌려서 그 방자하게 제멋대로 행동하는 것을 꾸미는 것일 것이니 되겠는가?

殺生崇飮, 口腹類也, 故附列焉. 或曰: "天地生物養人, 先王爲酒合歡,
살 생 숭 음 구 복 류 야 고 부 렬 언 혹 왈 천 지 생 물 양 인 선 왕 위 주 합 환

儒者所不禁也. 二戒之示, 幾逃禪矣, 如廢禮何?"
유 자 소 불 금 야 이 계 지 시 기 도 선 의 여 폐 예 하

嗟夫, 舜德好生, 禹疏儀狄, 聖人未始不戒也. 卽不能然,
차 부 순 덕 호 생 우 소 의 적 성 인 미 시 불 계 야 즉 불 능 연

若東坡食自死肉, 侃飮有定限, 何如必以此爲迂論迦談而漫不知檢,
약 동 파 식 자 사 육 간 음 유 정 한 하 여 필 이 차 위 우 론 가 담 이 만 부 지 검

是假歸儒之名, 以文其肆無忌憚之行也而可乎?
시 가 귀 유 지 명 이 문 기 사 무 기 탄 지 행 야 이 가 호

【평설】 유가에서는 살생과 금주에 대해서 그다지 금기시하지 않았다. 그
래서 살생과 금주는 불가에서나 지키는 것이라 치부하곤 했다. 그렇지만
순임금은 살리기를 좋아하는 호생지덕好生之德이 있었고, 우임금은 술을
처음 만든 의적儀狄을 멀리하였다. 유가에서도 살생과 금주를 경계하는
전통은 있었던 셈이다. 또 다른 경우에 소동파는 죽은 고기만을 먹었고 도
간은 주량을 정해 놓고 먹었다. 이 사람들을 불가를 추종했다고 치부하는
것은 살생과 금주를 제멋대로 하는 것에 대해서 유가의 이름을 빌려 구차
한 변명을 한 셈이다.

8 의적(儀狄): 우왕(禹王)의 신하로, 하(夏)나라 때 최초로 술을 만들었다는 전설상의 인물.
　　의적이 술을 만들어 우왕에게 바치자, 우왕이 맛을 보고 달게 여기면서 후세에 반드시 술
　　로 나라를 망하게 하는 자가 있을 것이라 하여 의적을 멀리하였다고 한다 .

4부

금욕하라

예절과 의리로 정욕을 물리쳐라

정이천이 말하였다.

"정욕에 대한 마음이 한번 싹트면 마땅히 예절과 의리를 가지고 이길 것을 생각해야 한다."

伊川曰: "慾心一萌, 當思禮義以勝之."
이 천 왈 욕 심 일 맹 당 사 예 의 이 승 지

【평설】 색욕이 마음에서 일어날 때에 어떻게 해야 하나? 본능에 충실하게 되면 못 할 일도 안 할 일도 없다. 체면이든 염치이든 다 벗어던지고 그야말로 본능에만 충실하게 된다. 색욕이 일어나는 것은 자연스러운 일이지만, 그 생각이 들 때 어떻게 대응할지가 결국 문제다. 예절과 의리를 생각하게 되면 색욕을 억제할 수 있다.

욕망은 구렁을 메우듯이 해야 한다

주자가 말하였다.

"못의 상象을 살펴서 욕망을 막아야 한다. 욕망이란 것은 웅덩이와 못물 같아서 그 안이 더럽고 혼탁하여 사람을 물들게 하니 (욕망을 막기를) 구렁을 메우듯이 해야 한다."

朱子曰: "觀澤之象, 以窒慾, 慾如汙澤, 其中穢濁, 解汙染人,
주 자 왈 관 택 지 상 이 질 욕 욕 여 오 택 기 중 예 탁 해 오 염 인
須當填壑¹了."
수 당 전 학 료

【평설】 주자는 분노와 욕망에 대해서 다음과 같이 말했다. "노기怒氣가 산처럼 솟아서 분노를 징계하기를 산을 넘어뜨리듯이 하고, 욕망은 웅덩이나 못과 같아서 그 속이 더럽고 혼탁하여 사람을 오염시키니 욕망을 막기를 골짜기를 메우듯이 해야 한다."

여기서 말하는 욕망은 성적인 욕망, 즉 욕정으로 해석하면 된다. 욕정이

치밀어 오르면 그런 생각이 들지 않도록 생각의 싹을 끊는 것이 중요하니,
계속해서 욕정에 빠져 있다 보면 더더욱 욕정에 휘둘리기 마련이다.

1 사부총간에는 壑이 塞으로 되어 있다. 여기서는 壑을 따른다.

56

늙어서 건강을 챙기는 건
가난해져서 하는 저축과 같다

이천이 (장사숙張思叔[2]에게) 말하였다.

"나는 기를 허약하게 타고났지만, 서른이 되어서야 차츰 좋아지게 되었고, 나이 마흔, 쉰이 된 뒤에야 완전하게 되었으니 이제는 나이 일흔둘인데도 몸이 한창때와 비교해도 손색이 없다."

또 말하였다.

"사람이 늙기를 기다려서 생명을 보존하기를 구하면, 이것은 가난하게 된 뒤에 저축을 하는 것과 같으니 비록 부지런히 하지만 보탬이 없을 것이다."

장사숙이 말하였다.

"선생께서는 어찌하여 약한 체질을 받으시고도 두텁게 양생하셨습니까?"

라고 하니 선생이 잠자코 있다 말하였다.

"나는 생명을 망각하고 욕심을 따르는 것을 매우 부끄럽게 여겼다."

伊川曰:"吾受氣甚薄, 三十而浸盛, 四十五十而後完.
이 천 왈 오 수 기 심 박 삼 십 이 침 성 사 십 오 십 이 후 완

今生七十二年矣, 校其筋骨於盛年, 無損也."
금 생 칠 십 이 년 의 교 기 근 골 어 성 년 무 손 야

又曰:"人待老而求保生, 是猶貧而後畜積, 雖勤亦無補矣!"
우 왈 인 대 로 이 구 보 생 시 유 빈 이 후 축 적 수 근 역 무 보 의

張思叔曰:"先生豈以受氣之薄而厚爲保生耶!"
장 사 숙 왈 선 생 기 이 수 기 지 박 이 후 위 보 생 야

先生默然曰:"吾以忘生徇欲爲深恥."
선 생 묵 연 왈 오 이 망 생 순 욕 위 심 치

【평설】 예로부터 '골골 팔십'이란 말이 있다. 어려서 허약했던 체질의 사람은 건강에 좀 더 유의하게 되어 의외로 장수를 누린다. 그래서 장수한 사람 중에는 어려서 허약했던 사람들이 많다. 반면 타고난 건강을 과신하거나 맹신하여 함부로 몸을 굴리다 보면 타고난 수명과는 정반대로 건강을 잃거나 단명하는 경우도 적지 않다. 여기에 과도한 성행위가 한몫을 했다. 주색에 절어 살아도 젊었을 때는 금세 건강을 잃지 않는다. 그러나 몸이 임계점을 넘기게 되면 더 이상 버티어 내지 못한다. 건강은 젊어서 건강할 때 지키자는 평범한 진리를 재확인하게 된다.

---

2 장사숙(張思叔): 사숙(思叔)은 송(宋)나라 장역(張繹)의 자(字)이다. 정이(程頤)의 문인(門人).

57

욕정의 독은 칼날보다 심하다

방효유方孝孺[3]가 말하였다.

"추우면 따뜻한 데에 가까이 서고, 더우면 서늘한 데에 가까이 선다. 밖으로부터 이르는 것은 너무 상하게 될까 두려워하지만, 안에서 발생한 것이 몸의 재앙이 된다는 것은 알지 못한다. 아! 욕정이라는 독은 칼날보다도 심하나, 사람은 오직 추위와 더위를 삼갈 줄만 알고 욕정을 막을 줄은 모르니 어째서 그러한가."

方正學曰: "寒即乎燠, 暑即乎涼. 自外至者懼其已傷,
방 정 학 왈   한 즉 호 욱   서 즉 호 량   자 외 지 자 구 기 이 상

而不知發乎中者爲身之殃. 噫! 嗜慾之毒甚於劍芒,
이 부 지 발 호 중 자 위 신 지 앙   희   기 욕 지 독 심 어 검 망

人惟寒暑之慎, 而不於此之防, 何耶?"
인 유 한 서 지 신   이 불 어 차 지 방 하 야

【평설】 몸은 추위나 더위에 민감하게 반응한다. 추우면 따뜻한 곳을 찾고 더우면 시원한 곳을 찾는다. 누가 가르쳐 주지 않아도 알아서들 잘 한다.

그러나 과도한 욕정이 재앙이 된다는 것은 깨닫기 쉽지 않다. 욕정은 남들은 모르는 내밀한 자기 체험이기 때문에 자신도 남도 속이기 쉽다. 욕정이 갖는 위험함은 추위와 더위에 노출되는 것보다 훨씬 더하다. 칼날에 살이 조금만 베이면 소스라치게 놀라지만 욕정이 조금씩 자신이 이룬 모든 것을 무너트리고 있는 데에는 지나치게 둔감하기 마련이다. 삶에서 정말 무서워해야 할 것은 무엇인가?

---

3 방효유(方孝孺, 1357~1402): 명나라 때의 학자. 자는 희직(希直)·희고(希古), 호는 손지(遜志). 유불(儒佛)을 연구한 문호 송렴(宋濂)의 가르침을 받아 학식이 깊었다. 영락제(永樂帝)가 즉위하여 즉위의 조서를 쓸 것을 명하자 죽음으로써 거절하여 처형되었다. 대의명분을 발휘한 정의로운 사람으로서, 당쟁과 탄압이 격심했던 명나라 말기에 특히 동림파(東林派)로 높이 평가되었다. 저서에 『손지재집』(遜志齋集) 등이 있다.

58

황제의 장수 비결

군주君主로서 오직 한漢나라 무제武帝만이 70여 세를 살았고 양梁

나라 무제武帝와 송宋나라 고종高宗은 80여 세를 살았다.[4]

한나라 무제가 일찍이 말하였다.

"약을 복용하고 음식을 절제하면 병을 적게 할 수가 있다."

양나라 무제는 하침賀琛[5]에게 칙령을 내렸다.

"나는 여자와 잠자리를 끊은 지 30여 년이고 여자와 한 방에서

자지 않은 것도 30여 년이나 된다."

이것이 장수에 이르게 하는 길이었으니 선仙이나 불佛을 좋아하

는 데에 관계된 것은 아니다. 고종이 장수한 것도 또한 타고난

바탕이 순후해서 색욕을 적게 하려고 한 데에서 연유한 것이다.

人主惟漢武帝七十餘歲, 梁武帝宋高宗八十餘歲.
인 주 유 한 무 제 칠 십 여 세 양 무 제 송 고 종 팔 십 여 세

漢武嘗言服藥節食可少病.
한 무 상 언 복 약 절 식 가 소 병

梁武勅賀琛曰: "朕絶房室三十餘年, 不與女人同室而寢亦三十餘年."
양 무 칙 하 침 왈   짐 절 방 실 삼 십 여 년 불 여 여 인 동 실 이 침 역 삼 십 여 년

此致壽之道, 不係其好仙佛也. 高宗之壽亦由稟厚而寡欲爾.
차 치 수 지 도 불 계 기 호 선 불 야 고 종 지 수 역 유 품 후 이 과 욕 이

【평설】 진시황부터 마지막 황제 부의溥儀까지 계산해 보면 2,100여 년 동안 황제는 모두 335명인데, 이들의 평균 수명은 41세에 불과했다. 70세에서 80세까지 장수한 황제는 모두 6명이었고 80세 이상 장수한 사람은 오직 6명뿐이었다. 그중에 가장 장수한 황제는 청나라 건륭제로 88세를 살았다. 황제들이 단명한 까닭이야 지나친 격무가 주원인이었겠지만, 과도한 성생활도 한몫을 차지했다.

황제는 일반인보다 훨씬 유혹에 취약한 환경에 놓여 있었다. 마음만 먹으면 방탕하기 이를 데 없는 생활에 빠지기 쉬웠다. 이런 사람들은 한결같이

4 한무제(漢武帝, 기원전 156~기원전 87): 유철(劉徹). 서한(西漢)의 황제(皇帝)로 한(漢) 경제(景帝)의 아들이다.
양무제(梁武帝, 464~549): 이름은 소연(蕭衍). 남조(南朝) 양(梁)나라의 초대 황제.
송고종(宋高宗, 1107~1187): 이름은 조구(趙構). 남송(南宋)의 황제.
5 하침(賀琛): 남조(南朝) 양(梁) 회계(會稽) 산음(山陰) 사람. 자는 국보(國寶). 창(瑒)의 조카. 창에게 경학을 배웠고 특히 삼예(三禮)에 정통하였다. 벼슬은 태학박사(太學博士), 어사중승(御史中丞), 산기상시(散騎常侍). 교묘(郊廟)에서 거행하는 의식을 대부분 새로 제정하였다.

보통사람의 수명노 누티지 못하고 단명하였다. 그러나 초인적인 절제를 통해 최대한 절욕節慾을 실천했던 인물들은 장수와 함께 그에 걸맞은 성취를 보여 주었다. 여기 두 길이 있다. 어느 길로 갈 것인가? 지금의 쾌락을 쫓느라 미래의 수명을 갉아먹는 길과, 지금의 절제를 통해서 미래의 건강한 삶으로 향하는 길 말이다.

59

양심을 끊어내는 도끼

매승枚乘[6]이 말하였다.

"흰 치아와 동그란 눈썹은 양심을 끊어내는 도끼이다."[7]

라 하였으니, 주전선周顓仙[8]이 이른바 여인이 악독하다婆娘歹라

한 것이 이것이다.

枚叔曰: "皓齒蛾眉, 伐性之斧." 周顓仙所謂婆娘歹者, 此也.
매 숙 왈   호 치 아 미   벌 성 지 부   주 전 선 소 위 파 랑 대 자   차   야

【평설】 흰 치아를 드러내고 동그런 눈썹이 되는 미녀의 환한 웃음에 가슴
이 설레지 않는 남자가 얼마나 될까? 그러나 거기에 과도하게 빠져서 지
위나 체면, 건강과 평정심을 잃는 법이니 조심하지 않을 수 없다.

6 매승(枚乘, ?~기원전 140): 한(漢)나라 경제(景帝) 때의 문인. 회음(淮陰) 사람으로 자는 숙(叔). 처음에 오왕(吳王)의 비랑중(濞郎中)이 되었는데, 오왕이 반란하려 하자 글을 올려 간하였으나 듣지 않았다. 뒤에 오왕이 과연 망하고 한나라가 7국을 평정하였다. 이로 인해 이름이 알려져 경제가 불러 홍농도위(弘農都尉)에 임명하였다. 동방삭(東方朔)의 「칠간」(七諫)을 본떠 지은 「칠발」(七發)이 유명하다.

7 한(漢) 매승(枚乘)의 「칠발」(七發)에 "皓齒蛾眉, 命曰伐性之斧"라 나온다.

8 주전선(周顚仙): 명(明)나라 때 건창(建昌) 사람. 이름과 자는 없다. 명 태조는 그가 신선이 되었을 것이라 생각하고 직접 『주전선전』(周顚仙傳)을 지었다.

60

여색을 완전히 끊은 유안세

유안세劉安世[2]가 말했다.

"나는 평소에 일찍이 약을 먹지 않았는데 귀양을 갈 때 나이가 마흔일곱 살이었다. 돌아가신 어머니가 함께 가시려고 했지만 온갖 방법으로 간곡히 사양해서 들어 드리지 않았다. 내가 생각하기에 늙으신 부모를 더운 지방에서 생기는 장기瘴氣가 있는 곳에 모셔가게 되면 이미 불효이니 의롭지 않은 것과 같은 일은 진실로 감히 할 수가 없었다. 부모는 행여 자식이 병들까 근심하는 것이나,[10] 어떻게 병이 없을 수가 있겠는가. 다만 여색을 끊는다는 한 가지 일만이 있다 해서 드디어 결심하여 끊었다. 이때부터 지금까지 하루도 병을 앓을 때가 없고 또한 밤중에 잠든 사이에도 변화가 없었다."

진관陳瓘이 말하였다.

"공은 평생의 학술이 성誠으로써 들어가서 가는 데마다 성誠 아닌 것이 없었다. 무릇 여색을 끊는 것이 참으로 여색을 끊는 것이라면 미음이 여색에 동요되지 않기 때문이다.”

공이 말하였다.

“그렇다.”

공이 말하였다.

“나는 여색을 끊은 지 30년이 되어서 기혈과 생각이 다만 젊었을 때와 같다. 온종일 친구들을 영접하여 별의별 이야기를 다하고 비록 밤에 잠을 안 자도 이튿날 아침에는 정신이 여전하였다.”

劉元城云:“安世尋常未嘗服藥, 方遷謫時年四十有七.
유 원 성 운   안 세 심 상 미 상 복 약   방 천 적 시 년 사 십 유 칠

先妣必欲與俱, 百端懇辭不許.
선 비 필 욕 여 구   백 단 간 사 불 허

安世念不幸使老親入於炎瘴之地, 已是不孝, 若非義, 固不敢爲.
안 세 념 불 행 사 로 친 입 어 염 장 지 지   이 시 불 효   약 비 의   고 불 감 위

父母唯其疾之憂. 如何得無疾?
부 모 유 기 질 지 우   여 하 득 무 질

秖有絕欲一事, 遂擧意絕之. 自是逮今, 未嘗有一日之疾,
지 유 절 욕 일 사   수 거 의 절 지   자 시 체 금   미 상 유 일 일 지 질

亦無宵寐之變.” 陳瓘曰:“公平生學術以誠入, 無往而非誠,
역 무 소 매 지 변   진 관 왈   공 평 생 학 술 이 성 입   무 왕 이 비 성

凡絕欲是眞絕欲, 心不動故.” 公曰:“然.” 公曰:“安世自絕欲來三十年,
범 절 욕 시 진 절 욕   심 부 동 고   공 왈   연   공 왈   안 세 자 절 욕 래 삼 십 년

氣血意思只如當時. 終日接士友劇談, 雖夜不寐, 翼朝精神如故.”
기 혈 의 사 지 여 당 시   종 일 접 사 우 극 담   수 야 불 매   익 조 정 신 여 고

---

9 유안세(劉安世): 송(宋)나라 사람. 항(航)의 아들. 자는 기지(器之). 호는 원성(元城). 시호는 충정(忠定). 사마광(司馬光)의 제자. 벼슬은 간의대부(諫議大夫). 강직하여 전상호(殿上虎)라고 불리움. 저서는 『진언집』(盡言集)이 있다.

10 『논어』 「위정」(爲政)에 “孟武伯問孝 子曰 父母 唯其疾之憂”라 나온다.

【평설】 북송北宋의 학자인 유안세는 자가 기지器之이다. 사마광司馬光에게 수학하였다. 광동廣東과 광서廣西 등 멀고 험악한 곳으로 일곱 번이나 유배 가면서도 의지를 굽히지 않으니, 소식蘇軾은 그를 '철한'鐵漢이라 일컬었다. 유배지에서 자신을 죽이려 사람이 찾아올 것이란 사실을 알고도 조금도 동요 없이 손님과 술 마시며 이야기를 나누었다고 한다. 저서로는 『원성어록』元城語錄, 『도호록』道護錄 등이 있다.

그는 아픈 몸으로 어머니에게 걱정을 끼칠 수 없다는 생각으로 여색을 끊었다. 그래서 건강을 줄곧 유지하게 되었다. 잠을 자지 않아도 다음 날만 되면 정신이 쌩쌩하였다. 30년 동안이나 그런 생활을 유지했다니 초인적인 정신력이 아닐 수 없다. 그러한 평정한 마음 속에서 생사를 초월하여 날선 직언을 마다하지 않았다. 황제의 앞에서도 직언을 꺼리지 않아 전상의 호랑이[殿上虎]라고 불리었다.

61

호색은 자신을 해치는 일

당唐나라 사공도司空圖[11]의 시에, "어제는 봄날 꾀꼬리 소리 들리더니 오늘은 가을날 매미 소리 나네. 이제 막 일어났는데 어느새 하루해 저무는구나. 육룡의 수레 치달려도 길이 서로 군색한데, 거기다 차마 위험 무릅쓰고 스스로 채찍 잡아야 하겠나"라 했으니 호색好色이 스스로를 해치는 것을 경계한 것이다.[12]

司空圖曰: "昨日流鶯今日蟬, 起來又是夕陽天. 六龍飛轡長相窘,
사 공 도 왈   작 일 류 앵 금 일 선 기 래 우 시 석 양 천 육 룡 비 비 장 상 군
何忍乘危自着鞭." 戒好色自戕者也.
하 인 승 위 자 착 편   계 호 색 자 장 자 야

【평설】 사공도의 「광제십팔수」狂題十八首라는 제목의 칠언절구 중 하나로, 『전당시』全唐詩 권634에 실려 있다. 또 『학림옥로』鶴林玉露에도 나온다. 어제 꾀꼬리 울던 봄날인데 금세 매미가 우는 가을이 되고, 이제 잠자리에서 막 일어났는데 어느덧 뉘엿뉘엿 해가 저문다. 세월은 마치 여섯 말

이 끄는 수레처럼 빨리 간다. 세월은 이처럼 너무나도 빠르고 사람의 인생은 짧기만 하다. 채찍을 친다는 말이 매우 상징적인데 결국 호색을 해서 세월을 탕진하고 건강을 해쳐 제 스스로 수명을 줄인다는 뜻이다. 무언가 열중해도 될까 말까 한데 여색만 밝히다 보면 아무것도 이루지 못하고 죽게 된다.

---

11 사공도(司空圖, 837~908): 중국 당(唐)나라 말엽의 시인. 자는 표성(表聖). 산서성 우향(虞鄕) 출신. 벼슬은 예부낭중(禮部郎中). 애제(哀帝)가 살해되어 당조(唐朝)가 망하자 탄식하여 죽었다. 시풍이 고결하기로 유명하고, 시론집(詩論集)『이십사시품』(二十四時品)은 후세의 시론에 크게 영향을 미쳤다. 저서에『사공표성문집』(司空表聖文集) 등이 있다.
12 송(宋)나라 나대경(羅大經)의『학림옥로』(鶴林玉露) 권14에, 이 시를 평하기를 "이것은 색이 자기 몸을 해치는 것을 경계한 것이다"라고 하였다.

62

호색은 제 발로 염라대왕을 찾아가는 것과 같나

양만리楊萬里는 우스갯말을 잘하였는데, 호색好色하는 자에게 말하기를, "염라대왕이 일찍이 부르지 않았는데, 자네가 곧 스스로 데려가라고 구하는 것은 어째서인가?"라고 한 것이, 바로 이 시의 뜻이다.

楊誠齋謔好色者曰: "閻羅王未曾相喚, 子乃自求押到, 何也?"
양 성 재 학 호 색 자 왈 염 라 왕 미 증 상 환 자 내 자 구 압 도 하 야
即前詩之意.
즉 전 시 지 의

【평설】 양만리(1124~1206)는 송나라 때 시인으로 자는 정수廷秀. 길주吉州 사람이다. 일찍이 장준張浚이 성의정심誠意正心의 학學을 권하였으므로 서재 이름을 성재誠齋라 지어 성재선생이라 불렸다. 그는 육유陸游·범성대范成大와 병칭幷稱된다. 저서로는 『성재집』誠齋集 등이 있다. 주어진 수명을 다 누리고 살아도 짧은 인생이다. 그런데 호색을 하다 건강을 잃어 단

명하는 것이야말로 제 발로 염라대왕에게 데려가 달라고 부탁하는 형국과 다름없다. 호색이야말로 짧은 인생을 더 짧게 만드는 지름길이다. 우스갯말이지만 마냥 재미있게만 들을 말도 아니다.

63

색욕을 끊고 세리를 뛰어넘은 사양좌

사양좌謝良佐[13]가 말하였다.

"이미 색욕을 끊은 지 20년이 되었다. 대개 훌륭한 일을 하려고 하면 반드시 몸이 강건해야 하니 그제서야 직임에 합당함을 얻을 수 있게 된다. 그러므로 색욕을 끊는 것이다."

어떤 이가 물었다.

"권세와 이익에 대해서는 어떠신가요?"

사양좌가 말하였다.

"이 관문을 통과하게 된 지도 10여 년이 되었다."

上蔡曰: "色欲已斷二十年來矣, 蓋欲有爲, 必須強盛, 方勝任[14]得,
상 채 왈 색 욕 이 단 이 십 년 래 의 개 욕 유 위 필 수 강 성

故斷之也." 問于勢利[15]如何?
고 단 지 야 문 우 세 리 여 하

曰: "打透此關十餘年矣."
왈 타 투 차 관 십 여 년 의

【평설】 사양좌는 정호程顥 문하의 수제자 중 한 명이다. 몸이 튼튼해야 어떤 직무를 감당할 수 있으니 훌륭한 일이나 큰 일을 하고자 하면 몸을 건강하게 관리해야 한다. 몸을 관리하는 요건 중에 중요한 하나의 일이 바로 색욕을 끊는 일이다. 사양좌는 이미 20년 동안 색욕을 끊었다. 이뿐만이 아니었으니, 권세와 이익에 대한 욕망도 끊은 지 10여 년이 되었다. 색욕과 세리勢利로부터의 해방을 통해 대자유를 얻은 셈이다.

---

13 사양좌(謝良佐, 1050~1103): 중국 북송의 유학자. 자는 현도(顯道). 상채선생으로 불렸다. 정호·정이의 제자이며, 정문(程門)의 네 선생 가운데 한 사람이다. 저서에 『논어설』(論語說), 『상채어록』(上蔡語錄) 등이 있다.

14 한 인물이 직임에 합당한 것을 승임(勝任)이라 한다. 『맹자』, 「양혜왕」에 나온다. 『심경부주』(心經附註) 권4에 "상채 사씨 사양좌(謝良佐)가 말하기를 '명리의 관문을 통과해야 비로소 조금 쉴 수 있는 곳이니, 지금의 사대부야 족히 말할 것이 있겠는가. 말만 잘하는 것이 앵무새와 같다' 하였다."(上蔡謝氏曰 : '透得名利關, 方是小歇處, 今之士大夫何足道. 能言眞如鸚鵡也.')라고 하였다.

15 원문에는 問: "用于勢利~"라 되어 있으나, 『상채어록』에는 "問于勢利~"라 되어 있다. 여기서는 후자를 따른다.

64

연꽃이 진흙에 더러워지지 않는 것처럼

부처가 승려들에게 말씀하셨다.

"부디 여인을 보지 말라. '내가 승려가 되어서 더러운 세상에 살아가는 것은 연꽃이 진흙에 더러워지지 않는 것과 같아야 한다'고 생각하라. 늙은 사람은 어머니처럼 여기고 나이 많은 사람은 누님처럼 여기며 나이 적은 사람은 누이동생처럼 여기고 어린 사람은 딸처럼 여겨서 예로써 그 사람들을 공경하라. 충동[意]을 끊어 버리고 마땅히 살펴서 오로지 관찰하라. 머리에서 발끝까지 이르고 밖에서부터 안쪽까지 보아라. '저 몸에는 무엇이 있는가? 오직 오로惡露와 더러운 것들이 가득할 뿐이구나'라고 하여 그 충동을 놓아 버려야 한다.

佛告諸沙門愼無視女人, 吾爲沙門, 處於濁世, 當如蓮花不爲泥所汚.
불 고 제 사 문 신 무 시 여 인 오 위 사 문 처 어 탁 세 당 여 연 화 불 위 니 소 오

老者以爲母, 長者以爲姉, 少者如妹,
노 자 이 위 모 장 자 이 위 자 소 자 여 매

幼者如女, 敬之以禮, 意殊當諦惟觀. 自頭至足, 自外視內, 彼身何有?
유 자 여 여 경 지 이 례 의 수 당 체 유 관 자 두 지 족 자 외 시 내 피 신 하 유

惟盛惡露諸不淨種, 以釋其意.
유 성 오 로 제 부 정 종 이 석 기 의

【평설】 성욕은 일반인은 물론이거니와 수도자들에게도 큰 문제였다. 소
설 『만다라』에서는 승려가 성욕을 극복하려고 성기를 자르는 장면이 나
온다. 또, 달라이라마에게 성욕이 일어날 때 어떻게 극복하느냐 물었더니
"나는 달라이라마다. 나는 달라이라마다. 나는 달라이라마다. 그러면 어
느 틈엔가 사라지고 맙니다"라 외쳤다는 일화도 있다.

늙은 사람은 엄마처럼 연상의 여자는 누나처럼 연하의 여자는 여동생처
럼 어린 여자는 딸처럼 여겨라. 또 이성을 유혹하는 예쁜 외면만 보지 말
고 그 안에 들어 있을 온갖 더러운 것들을 상상하라. 이렇게 하면 조금 성
욕에서 해방되는 느낌을 가져다준다.

당나라 여암呂嵒: 여동빈은 세 자루 칼을 늘 차고 다니면서 번뇌와 탐진貪嗔
과 색욕을 끊으려고 애를 썼고, 또 어떤 욕정을 참지 못하는 사람이 있었
는데 늘 부모님의 초상화를 걸어 놓고서 그 아래에서 잠을 잤다고 하는 일
화가 『자경편』自警編에 나온다. 낮에는 칼을 차고 다니고 밤에는 초상화
아래에서 잠을 잔다. 그렇게 해서라도 여색에서 해방되려는 눈물겨운 노
력이 있었다. 아! 어렵다.

65

더러운 것을 쌓아 놓은 가죽 부대

옛날에 어떤 임금이 음욕淫欲이 있었다. 스님이 게송을 써서 간하였다.

"눈은 눈곱과 눈물의 소굴이 되고, 코는 더러운 콧물의 주머니입니다. 입은 침의 그릇이고, 배는 똥과 오줌을 저장하는 창고입니다. 다만 왕께서 지혜로운 안목이 없으시면 여색에 깊이 빠져들게 됩니다. 소승은 이것을 보기를 나쁘게 여겨서 출가하여 도량에서 도를 닦았습니다."

또 「기녀」伎女라는 게송에 일렀다.

"네 몸은 뼈다귀가 서 있는 데에, 가죽과 살이 서로 칭칭 묶고 있네. 더러운 것이 내면에 꽉 차서 좋은 물건 하나도 없게 되네. 가죽 부대에 더러운 것 담은 것들이 아홉 구멍에서 언제나 흘러나오네. 구더기가 똥을 좋아하는 것과 같이 어리석은 이의 몸도 이와 다를 것 없네."

또 시에 일렀다.

"피부 속에 똥·오줌만 찼을 뿐인데, 억지로 애교를 떨어서 남을 속여서는 홀리네. 친고의 영웅들이 모두 다 여기에 빠져 한평생이 하나의 티끌로 변하였다네."

昔有國王淫慾, 比丘以偈諫曰: "目爲眵淚窟, 鼻是穢涕囊,
석 유 국 왕 음 욕 비 구 이 게 간 왈 목 위 치 루 굴 비 시 예 체 낭

口爲涎唾器, 腹是屎尿倉. 但王無慧目,
구 위 연 타 기 복 시 시 뇨 창 단 왕 무 혜 목

爲色所耽荒. 貧道見之惡, 出家修道場."
위 색 소 탐 황 빈 도 견 지 악 출 가 수 도 량

又「伎女」偈曰: "汝身骨幹立, 皮肉相纏裏. 不淨內充滿,
우 기 녀 게 왈 여 신 골 간 립 피 육 상 전 과 부 정 내 충 만

無一是好物. 皮囊盛污穢, 九孔常流出. 如廁虫樂糞. 愚貪身無異."
무 일 시 호 물 피 낭 성 오 예 구 공 상 류 출 여 측 충 요 분 우 탐 신 무 이

又詩云: "皮包骨肉並尿糞, 强作嬌嬈誆惑人. 千古英雄皆坐此,
우 시 운 피 포 골 육 병 뇨 분 강 작 교 요 광 혹 인 천 고 영 웅 개 좌 차

百年同作一坑塵."
백 년 동 작 일 갱 진

【평설】 아무리 아름다운 미인의 몸이라도 따지고 보면 아무것도 아니다. 눈, 코, 입, 배는 각각 눈곱, 콧물, 침, 똥과 오줌을 저장하는 곳에 불과하다. 또 몸은 뼈다귀가 서 있는 곳에 가죽과 살이 붙어 있는 것이며, 아홉 개의 구멍에서는 더러운 것이 쉴 새 없이 흘러나온다. 그러니 이런 몸에 집착하는 것이야말로 변소에서 똥을 좋아하는 구더기와 다를 바 없다. 수많은 영웅들이 이 하찮아 보이는 몸뚱이에 빠져 평생을 그르쳤다. 마지막에 소개된 시는 『오주연문장전산고』五洲衍文長箋散稿에도 보이는데 여기에서는

저자가 부실야부務實野夫라고 소개되어 있다. 글자도 출입이 있다.[16]

---

16 皮包骨肉竝尿糞, 强作妖嬈狂惑人. 千古英雄皆坐此, 百年同作一坑塵.

66

여색을 단호하게 멀리하라

여색이란 사람의 마음을 망가뜨리는 것이니 성인의 도를 막기 때문이다. 그러므로 다라수多羅樹: 종려과의 식물로 야자수의 일종의 머리를 자르는 것과 같이 하여야 그 싹이 영구히 나지 않게 된다. 지혜의 씨앗도 그러하니 여색의 칼에 잘려지면 선의 싹이 나지 않게 된다. 이런 까닭으로 여색은 멀리 떨어지는 것이 절실하게 필요하다.

女色壞人, 障聖道故. 如截多羅樹頭, 芽永不生. 智種亦然, 女刀截,
여 색 괴 인 장 성 도 고   여 절 다 라 수 두 아 영 불 생 지 종 역 연 여 도 절
故善芽不發. 是故女人切要遠離.
고 선 아 불 발 시 고 여 인 절 요 원 리

【평설】 여색에 빠지면 성인의 도나 지혜의 씨앗도 끝장난다. 그러니 다라수의 머리를 자르면 다시는 자라지 않는 것처럼 단호하고 절실하게 여색을 멀리해야 한다.

67

불 꺼진 재와 같았던 고승 혜외

고승 혜외慧嵬가 계율을 지키는 것이 매우 엄격하고 깨끗하였다.

일찍이 어떤 여인 한 명이 묵을 곳을 찾으면서 스스로 하늘에서

온 여인[天女]이라 하면서 "스님께서는 덕이 있기 때문에 하늘이

저를 보내서 그 뜻을 권면하게 하였습니다"라 하였다. 혜외가

의지를 고집함이 곧고 굳어서 마음이 전혀 흔들림이 없었다.

혜외가 "내 마음은 불 꺼진 재와 같아서, 가죽 주머니로 시험을

당할 수는 없다"라고 하니, 바로 여인이 바로 구름을 위로 솟아

올라 가면서 돌아보며 말하였다.

"바닷물은 마르게 할 만하고[17], 수미산은 넘어뜨릴 수가 있어도

저 스님의 마음가짐은 꼿꼿하고 바르구나."

高僧鬼戒行嚴潔. 嘗有一女子寄宿, 自稱天女, 以上人有德,
고 승 외 계 행 엄 결 상 유 일 여 자 기 숙 자 칭 천 녀 이 상 인 유 덕

天遣我來, 勸勉其意. 鬼執意貞確, 一心無擾,
천 견 아 래 권 면 기 의 외 집 의 정 확 일 심 무 요

曰: "吾心若死灰, 無以革囊見試." 女乃淩雲而逝. 顧曰: "海水可生,
왈   오 심 약 사 회 무 이 혁 낭 견 시 여 내 릉 운 이 서 고 왈 해 수 가 생

須彌可傾, 彼上人者, 秉心堅貞."
수 미 가 경 피 상 인 자 병 심 견 정

【평설】 혜외는 동진東晉 때의 승려로 399년 법현法顯(340~420)과 함께 인도로 구법求法의 길을 떠났다고 「양고승전」梁高僧傳에 기록이 나온다. 생애의 대부분을 심산유곡에 초암草庵을 짓고 숨어 살면서 오로지 선수행禪修行에 몰두하였다. 아리따운 여인이 묵을 곳을 찾아 그가 있는 암자로 왔다. 그리고 하늘에서 수행이 높은 스님을 위로해 주라고 보냈다고 하며 노골적으로 유혹을 해왔다. 그러나 그는 그 여인과의 하룻밤을 단호하게 거부한다. 그래서 평생 쌓은 수행의 공든 탑을 허물어뜨리지 않았다. 유혹이 왔을 때 피할 수 있는 것과 유혹이 없을 때 피하는 것과는 본질적인 차이가 있다. 유혹이 왔을 때 피할 수 있는 것은 아무나 할 수 없는 경지다. 범인은 그저 유혹의 상황을 만들지 않는 것이 중요하다. 유혹의 상황에 놓인 순간 벌써 유혹에 패배한 것과 다름없으니까 말이다.

68

독사보다 무서운 여색

영가永嘉에 이른다.

"평범한 사람들이 흐리멍덩하게 되는 것은 정욕에 빠졌기 때문이다. 노는 데에 정신이 팔려서 정신이 어지러운데도 그 잘못을 알지 못하는 것이 꽃에 순지르기 하다가 독사가 도사리고 있는 것을 깨닫지 못하는 것과 같다.

지혜로운 사람이 그것을 보면 독사의 입과 곰과 표범의 발톱, 맹렬한 불과 뜨거운 철에 비유하기에도 충분하지 않다. 구리로 만든 기둥과 철로 만든 상은 등과 창자를 불에 데어 문드러지게 하고 피와 살이 썩게 하며, 아픈 것이 골수에 사무치게 만든다. 이와 같이 보면 오직 괴롭기만 하고 즐거운 것은 없으니 가죽 주머니에 똥을 담은 것이고, 피고름이 모여 있는 곳이다. 밖에다가는 향기로운 것을 빌려 발랐으나, 안으로는 오직 고약한 냄새가 나고 더러운 것일 뿐이다. 더러운 것이 흘러넘치고 벌레와 구더기가 머무는 곳이다. 지혜 있는 자가 그것을 보면 털과 머리털, 손

톱과 치아, 다양한 두께의 피부, 살과 피, 땀과 눈물, 콧물과 침, 고름과 문드러진 실, 힘줄과 핏줄과 뇌막, 누런 가래와 흰 가래, 간과 담과 골수, 지라와 허파, 신장과 위, 심고心膏와 방광, 대장과 소장 등 이와 같은 종류의 물건 하나하나는 사람은 아니다. 인식작용[識風]이 치고 두드리는 것이 속여서 친한 벗인 척하지만 그 실상은 원망과 투기이니 덕을 그르치고 도를 막아서 허물이 매우 무겁다. 그러니 응당 멀리 떨어져서 원적怨賊: 사람의 목숨을 해치고 재물을 빼앗는 도둑을 피하는 것과 같이 해야 한다. 이런 까닭으로 지혜로운 자가 그것을 보면 독사와 같이 생각하여서 차라리 독사를 가까이할지언정 여색을 친근히 해서는 안 된다."

永嘉云:"凡夫顚倒, 爲慾所醉, 躭荒迷亂, 不知其過. 如捉花莖,
영 가 운 범 부 전 도 위 욕 소 취 탐 황 미 란 부 지 기 과 여 착 화 경

不悟毒蛇. 智人觀之, 毒蛇之口,
불 오 독 사 지 인 관 지 독 사 지 구

熊豹之手 猛火熱鐵 不以爲喩 銅柱鐵牀 燋背爛腸 血肉麋潰
웅 표 지 수 맹 화 열 철 불 이 위 유 동 주 철 상 초 배 란 장 혈 육 미 궤

痛徹心髓 作如是觀: 唯苦無樂 革囊盛糞 膿血之聚 外假香塗
통 철 심 수 작 여 시 관 유 고 무 락 혁 낭 성 분 농 혈 지 취 외 가 향 도

內唯臭穢 不淨流溢 蟲蛆住處 智者觀之 但見毛髮爪齒 薄皮厚皮
내 유 취 예 부 정 류 일 충 저 주 처 지 자 관 지 단 견 모 발 조 치 박 피 후 피

肉血汗淚 涕唾膿睛 筋脈腦膜 黃痰白痰 肝膽骨髓 脾肺腎胃
육 혈 한 루 체 타 농 정 근 맥 뇌 막 황 담 백 담 간 담 골 수 비 폐 신 위

心膏膀胱 大腸小腸 如是等物 一一非人. 識風鼓擊 詐爲親友,
심 고 방 광 대 장 소 장 여 시 등 물 일 일 비 인 식 풍 고 격 사 위 친 우

其實怨妒 敗德障道 爲過至重 應當遠離 如避怨賊 是故智者觀之,
기 실 원 투 패 덕 장 도 위 과 지 중 응 당 원 리 여 피 원 적 시 고 지 자 관 지

如毒蛇想 寧近毒蛇 不親女色.
여 독 사 상 영 근 독 사 불 친 여 색

【평설】 이 글은 『영가집』永嘉集에 실려 있다. 매우 긴 호흡의 글이지만 담고 있는 뜻은 단순하고 명확하다. 여색에 빠지다가는 자신도 모르는 사이에 큰 곤경에 빠질 수도 있다는 말이다. 알고 보면 사람의 몸처럼 더러운 것도 없는데 거기에 흠뻑 빠지게 된다. 여색은 속여서 친한 벗처럼 보이지만 실상은 원적怨賊이라고 정의한 말이 이 글의 주제이다.

69

여색이란 족쇄와 같은 것

불경에 이른다. "무릇 여색은 항쇄項鎖와 족쇄足鎖와 같아서 사람의 정신과 의지를 피로하게 하는 것인데, 어리석은 사내는 여색을 깊이 사랑해서 수갑과 족쇄을 면하지 못하게 된다."

經云: "夫女色者, 猶如枷鎖, 勞人神識, 愚夫戀着, 不免杻械."
경 운 부 여 색 자 유 여 가 쇄 노 인 신 식 우 부 연 착 불 면 추 계

【평설】 여색은 자신의 몸을 구속하는 기구를 차는 것과 다름이 없어서, 형편없이 정신과 의지를 피로하게 만든다. 그런데도 어리석은 사람들은 스스로 자신의 몸을 구속하는 기구를 알아서 착용하는 것처럼 여색에 깊숙이 빠져들어 간다. 이처럼 모든 문제는 누가 만든 일이 아니라 스스로 자초한 일이 많다.

음욕을 가장 먼저 끊어야 한다

상양자上陽子가 말하였다.

"오직 음욕淫慾만이 모든 악업惡業의 으뜸이니 수행하는 선비들
은 먼저 마땅히 끊어야 한다. 장춘진인長春眞人은 임금에게 음욕
을 제일의 경계로 삼아야 한다고 대답했다. 『태미령서』太微靈書에
음욕을 열 가지 실패하는 일의 으뜸으로 삼고 있다. 수행은 다른
것이 없으니, 다만 능히 진실한 마음으로 음욕을 끊으면 나머지
는 모두 쉬운 일이다. 세상 사람들이 음욕을 끊는 일을 가장 어
려운 일로 삼는 것은 모두 어리석고 못난 견해이다. 처음에 배우
는 선비들이 아무도 없는 곳에서 시험을 하여서 혼자 다니고 혼
자 자며 술 마시는 것을 경계한다. 낮에는 『단경』丹經을 항상 읽
고, 밤에는 청정함을 마음에 간직해서 눈앞에는 이미 경계가 어
지러워짐이 없게 되면 일체의 터무니없는 생각이 제거된다. 약
간 마장魔障18이 있거든 더욱 그 마음을 단단히 한다. 밖으로는
배고프고 목마르는 것이 없게 하고, 안으로는 항상 더 보양을 더

할 것이니, 이와 같이 반년에서 한 해 동안을 하여 그 정기精氣가 안으로 단단하게 되기를 기다리면 스스로 음욕을 생각하지 않게 된다. 만약에 음욕에 대한 생각이 없어지지 않는다면 이것은 정신이 여전히 완전하지 못한 것이니 더욱이 마땅히 단단하게 하여야 한다. 『단경』에 이르기를 '정기가 온전한 자는 음욕을 생각하지 않는다'라고 했으니 참으로 명언이다."

上陽子曰: "惟淫慾爲諸業之首, 修行之士, 先當屛絶.
상 양 자 왈　유 음 욕 위 제 업 지 수 수 행 지 사 선 당 병 절

長春眞人對君, 以慾爲第一戒.
장 춘 진 인 대 군 이 욕 위 제 일 계

『太微靈書』以慾爲十敗之首. 修行無他, 但能眞實絶慾, 餘皆易事耳.
태 미 령 서 이 욕 위 십 패 지 수 수 행 무 타 단 능 진 실 절 욕 여 개 이 사 이

世於絶慾爲甚難者, 皆愚癡之見.
세 어 절 욕 위 심 난 자 개 우 치 지 견

初學之士, 試於無人之境, 獨行獨臥, 仍戒飮酒. 日則以『丹經』常玩,
초 학 지 사 시 어 무 인 지 경 독 행 독 와 잉 계 음 주 일 즉 이 단 경 상 완

夜則以淸淨存心, 眼前旣無境亂,
야 즉 이 청 정 존 심 안 전 기 무 경 란

一切妄念悉除. 稍有魔障, 愈堅其心. 外則不令饑渴, 內則常加滋補,
일 체 망 념 실 제 초 유 마 장 유 견 기 심 외 즉 불 령 기 갈 내 즉 상 가 자 보

如此半年一載, 待其精氣內固,
여 차 반 년 일 재 대 기 정 기 내 고

自不思慾, 若慾念未除, 是精尙不全, 更當固之, 『丹經』云:
자 불 사 욕 약 욕 념 미 제 시 정 상 부 전 갱 당 고 지 단 경 운

'精全者不思慾.' 眞名言也."
정 전 자 불 사 욕 진 명 언 야

18 마장(魔障): 수행에 장애가 되는 것을 말한다.

【평설】 장춘진인(1148~1227)은 속명俗名은 구처기邱處機(본래 이름은 丘處機)이고 호가 장춘長春이다. 금나라 말년에 활동한 전진도全真道 도사道士였다.

수행하는 사람의 급선무는 음욕을 끊는 것이다. 이 음욕만 끊게 되면 다른 문제들은 자연스레 해결이 된다. 어느 정도 수련이 지속되면 더 이상 음욕을 생각하지 않는 경지에 이른다. 도가적인 방법이라 지금에는 선뜻 이해하기 어려운 방식이다.

71

정욕에 관한 세 가지 이야기

음욕淫慾을 품은 사람은 몸에 더러운 기운이 있어서 만약에 수행한 사람을 보면 서둘러서 피하여서는 그의 진기眞氣에 거슬러서 재앙을 부르지 말아야 한다. 불경에 이르기를 "정계[19]를 지키는 사람은 색욕을 끊은 것이니, 일상적인 움직임과 경행[20]하는 곳 등 그 외의 것들이 상서롭게 된다"라고 하였다. 이호李昊가 말하였다. "옛날에 정욕이 많았던 것을 말해서 귀신에게 업신여김을 당했다. 내가 정욕을 끊은 지가 오래되었으므로 귀신이 감히 나를 보지 못하는 것이니, 다른 방법이 있는 것은 아니다."

淫慾之人, 體有穢氣, 若見修行之人, 急當迴避, 毋觸忤其眞氣,
음 욕 지 인 체 유 예 기 약 견 수 행 지 인 급 당 회 피 무 촉 오 기 진 기
以招殃禍. 佛經云: "護淨戒者絕色慾也, 行住坐臥及經行處,
이 초 앙 화 불 경 운 호 정 계 자 절 색 욕 야 행 주 좌 와 급 경 행 처
其他吉祥." 李昊曰: "陳述古多欲, 爲鬼所侮. 吾斷欲久矣,
기 타 길 상 이 호 왈 진 술 고 다 욕 위 귀 소 모 오 단 욕 구 의
故鬼不敢見, 非有他術也."
고 귀 불 감 견 비 유 타 술 야

【평설】 정 욕과 관련된 세 가지 각기 다른 이야기를 말했다. 첫번째 이야기는 음욕을 품은 사람은 더러운 기운 때문에 수행한 사람을 만나면 재앙을 부르게 된다는 것이고, 두번째 이야기는 색욕을 끊은 사람은 모든 일이 상서롭게 된다는 것이며, 세번째 이야기는 이호가 정욕을 끊자 귀신도 자신을 감히 보지 못했다는 것이다. 한마디로 여색을 끊은 사람과 그렇지 못한 사람을 대비해서 여색을 끊은 공능功能을 제시했다.

---

19 정계(淨戒): 오덕(五德)의 하나. 부처의 청정(淸淨)한 계행(戒行). 오계(五戒), 십계(十戒) 등(等).

20 경행(經行): 불도(佛道)를 닦음.

72

여색은 목숨을 앗아 간다

무릇 사람이 태어날 때에는 아버지의 정기와 어머니의 피를 받아서 그 몸을 이룬다. 나이가 장성하기에 이르면 (정기는) 향락을 탐내는 것과 함께 물리쳐져, 장차 받은 정기가 애욕의 바다로 흘러가게 된다. 일찍 죽는 자는 하수下壽를 채우지 못하고 더디게 죽는 자는 중수中壽를 채우지 못하며 늦게 죽는 자도 상수上壽를 채우지 못한다. 만약에 몸이 편안하게 오래 살고 싶다면 오직 마땅히 정욕을 끊고 정기를 아껴야 한다.

사람의 수명壽은 정기에 달려 있는데 이는 등불에는 기름이 있는 것과 같고 물고기에는 물이 있는 것과 같다. 기름이 마르면 등불이 꺼지고 물이 마르면 물고기가 죽는다. 어찌하여 어리석은 사람은 괴로운 것을 즐거움으로 삼아 여색을 보고서 생명을 버리면서 어떻게 정기가 다 되면 목숨도 따라서 잃게 된다는 것을 알겠는가.

夫人之生, 稟父精母血, 成其軀殼. 及乎年壯, 與嗜欲俱卻,
부 인 지 생 품 부 정 모 혈 성 기 구 각 급 호 년 장 여 기 욕 구 각

將所受之精, 流於愛河欲海, 喪之早者不滿下壽,
장 소 수 지 정 유 어 애 하 욕 해 상 지 조 자 불 만 하 수

喪之遲者不滿中壽, 喪之晩者不滿上壽. 若欲身安壽永,
상 지 지 자 불 만 중 수 상 지 만 자 불 만 상 수 약 욕 신 안 수 영

唯當絶慾寶精. 神之壽命, 主乎精氣, 猶燈之有油,
유 당 절 욕 보 정 신 지 수 명 주 호 정 기 유 등 지 유 유

如魚之有水, 油枯燈滅, 水涸魚亡. 奈何愚人以苦爲樂, 見色棄生,
여 어 지 유 수 유 고 등 멸 수 학 어 망 내 하 우 인 이 고 위 락 견 색 기 생

豈知精竭命亦隨逝.
기 지 정 갈 명 역 수 서

【평설】 부모님에게 받은 소중한 몸은 장성하여 여색에 빠지게 되면서 차츰 건강을 해치게 된다. 그래서 타고난 수명도 다 못 누리고 죽는 경우가 많다. 여기서 말하는 상수, 중수, 하수는 책마다 약간씩 다르다. 『좌전』에서는 상수는 100세 이상, 중수는 90세 이상, 하수는 80세 이상으로 나오며, 『장자』에서는 상수는 100세, 중수는 80세, 하수는 60세로 나온다. 여색을 밝히는 것은 수명을 야금야금 갉아먹는 일이다. 그러다가 남은 수명이 다 되면 세상을 떠나게 된다. 여색을 밝혀서 제 수명을 못 누릴 것인가, 아니면 절제하는 생활을 택해서 제 수명을 충분히 다 누릴 것인가.

---

21 원문에는 신지수명(神之壽命)으로 되어 있으나, 다른 글에서는 인간의 수명으로 되어 있어 이에 따랐다.

73

혼이 떠나면 음란함에 빠지게 된다

칠백七魄이 몸에 있으면 사람으로 하여금 혼음昏淫하게 하고, 삼혼三魂은 사람이 선한 일 하는 것을 기뻐한다. 본명일本命日22에 혼신이 몸에 강림하니, 그날에는 능히 몸과 마음을 청정하게 하여 술도 먹지 말고 여색도 가까이하지 않으며, 옷을 갈아입고 향을 피워서 앉은 채로 잠을 자지 않으면 곧 혼백이 결합될 수 있게 된다.

혼은 양陽에 속하고, 백은 음陰에 속하니 음양이 서로 합쳐지면, 도기道氣가 안에 내려와서 명근命根23이 견고하게 되고 신체가 청정하고 안정되게 된다. 만약에 술과 여색으로써 몸을 흐리고 어지럽히면 혼이 돌아와서 한번 보고 몸에서 일곱 발자국을 멀리 떠나게 되는데, 더러운 냄새에 쏘였다면 혼이 이에 다시 떠나게 된다. 칠백은 혼으로 인해서 결합할 수 없게 되면, 곧 음기가 더욱 왕성해지고 뜻을 이루는 데 고무되어서 마음 내키는 대로 육욕에 빠지게 된다. 만약에 세 차례나 흐리고 어지럽게 되어 혼

이 백에 합쳐지지 않는다면, 곧바로 양기가 쇠하고 음기는 왕성

해져서 칠백이 음귀陰鬼와 함께 통하여 다만 음란한 것만을 생각

하게 된다.

七魄在身, 使人昏淫; 三魂喜人爲善. 本命日, 魂神降體,
칠 백 재 신 사 인 혼 음 삼 혼 희 인 위 선 본 명 일 혼 신 강 체

其日能清淨身心, 不酒不色, 更衣焚香,
기 일 능 청 정 신 심 부 주 불 색 갱 의 분 향

坐不睡眠, 即得魂與魄合. 魂屬陽, 魄屬陰, 陰陽相合, 道氣內降,
좌 불 수 면 즉 득 혼 여 백 합 혼 속 양 백 속 음 음 양 상 합 도 기 내 강

命根堅固, 身體清安. 若以酒色昏亂形體, 魂歸一見, 去身七步之遠,
명 근 견 고 신 체 청 안 약 이 주 색 혼 란 형 체 혼 귀 일 견 거 신 칠 보 지 원

穢惡沖射, 魂乃復去. 七魄因魂不能來合, 則其陰氣愈盛, 鼓舞得志,
예 악 충 사 혼 내 부 거 칠 백 인 혼 불 능 래 합 즉 기 음 기 유 성 고 무 득 지

肆情恣欲. 若三度昏亂, 魂不合魄者, 則陽衰陰壯, 七魄與陰鬼交通,
사 정 자 욕 약 삼 도 혼 란 혼 불 합 백 자 즉 양 쇠 음 장 칠 백 여 음 귀 교 통

但思淫亂.
단 사 음 란

【평설】 삼혼칠백三魂七魄은 사람에게 3개의 혼魂과 7개의 백魄이 있다는

설이다. 『포박자』抱朴子 「지진」地眞에 "신명神明을 통하려 한다면 마땅히

---

22 본명일(本命日): 민속 음양도에서 말하는, 태어난 해의 간지에 따라 병난(病難)을 조심해
야 하는 날. 자년생은 유일(酉日), 축년생은 오일(午日), 인년생은 미일(未日), 묘년생은
신일(申日), 진년생은 해일(亥日), 사년생은 술일(戌日), 오년생은 축일(丑日), 미년생은
자일(子日), 신년생은 묘일(卯日), 유년생은 인일(寅日), 술년생은 사일(巳日), 해년생은
진일(辰日)을 조심해야 한다고 한다.

23 명근(命根): 근(根)은 작용·능력을 뜻함. 개체를 유지시키는 생명력. 생명을 지속시키는
힘. 수명.

금金 · 수水의 형체가 나뉘어야 한다. 형체가 나뉘면 자기 몸의 삼혼칠백을 절로 볼 것이다"라는 말이 나온다.

혼백이 합쳐져 있으면 몸은 청정하고 안정된 상태에 있게 된다. 그러나 주색에 절어 있게 되면 혼은 몸에서 떠나게 된다. 그러다가 칠백이 혼과 결합할 수 없게 되면 육욕에 빠지게 되고, 칠백이 음귀와 통하게 되면 음란한 생각만을 하게 된다. 이 역시 도교적인 내용이라 이해가 쉽지 않다. 다만 주색이 육욕과 음란한 생각에 빠지게 되는 중요한 빌미가 된다는 사실은 새겨들을 만하다.

74

정욕의 생각을 끊어야 한다

보통 사람의 정액은 매번 줄어든다. 다만 모든 성교는 온몸의 뼈를 격렬하게 흔들고 온몸의 정수精髓를 휘젓는다. 정욕이 조금 움직이면 마음도 음란해져서 삼시三尸가 위에서 운반하고, 칠백七魄이 아래에서 깨뜨리게 되어 바야흐로 정기가 두 개의 목으로부터 올라와서, 오장五臟을 거쳐서 이환泥丸[24]으로 올라왔다가 골수와 함께 내려가서 협척쌍관夾脊雙關으로부터 성기로 성교할 때 이르니, 이것이 오탁五濁의 세간법世間法이라 하는 것이다. 그러므로 이의춘李宜春이 말하기를 "정기精氣가 몸에 있고 뼈에 있는 것은 금속에 액체가 있고 물에 기름이 있는 것과 같으니 정욕의 불이 아래에서 타오르기 때문에 드디어 정기가 변화하여 정액이 된다"라 하였고, 장자가 말하기를 "지금 이미 사물이 되어 있으니 근본으로 돌아가고자 함이 또한 어렵지 않겠는가"[25]라고 했으니, 섭생을 잘하려는 사람은 먼저 정욕의 생각을 제거해야 한다.

常人精每虧少. 但凡交感, 激撓一身之骨格, 攪動一身之精髓.
상 인 정 매 휴 소 단 범 교 감 격 요 일 신 지 골 격 교 동 일 신 지 정 수

情慾纔動, 心君亦淫, 三尸搬於上,
정 욕 재 동 심 군 역 음 삼 시 반 어 상

七魄摧於下, 方得精自兩頸而上, 由五臟升泥丸, 與髓同下,
칠 백 최 어 하 방 득 정 자 양 경 이 상 유 오 장 승 니 환 여 수 동 하

自夾脊雙關至外腎交姤, 此爲五濁世間法.
자 협 척 쌍 관 지 외 신 교 구 차 위 오 탁 세 간 법

故李宜春曰: "精之在體在骨絡, 猶金之有液, 水之有脂, 因慾火下熾,
고 이 의 춘 왈 정 지 재 체 재 골 락 유 금 지 유 액 수 지 유 지 인 욕 화 하 치

遂克化而爲物." 莊子曰: "既已爲物矣, 欲復歸根, 不亦難乎?"
수 극 화 이 위 물 장 자 왈 기 이 위 물 의 욕 부 귀 근 불 역 난 호

善攝生者, 先除慾念.
선 섭 생 자 선 제 욕 념

【평설】 지나친 성생활은 정신과 몸에 심각한 영향을 끼친다. 남자의 경우 정액의 배출은 정기精氣의 훼손을 필연적으로 동반한다고 보았다. 여기에 서는 정욕이 정기를 변화시켜 정액을 만들어 내니, 정욕을 끊게 되면 정기 를 보존하게 되는 결과를 야기한다고 했다. 그래서 섭생을 목적으로 하는 사람은 애초에 정욕의 생각을 없애는 것이 필요하다 주장한다.

24 이환(泥丸): 기공(氣功)에서 의념(意念)을 집중하는 부위의 명칭으로 의가들은 상단전 (上丹田)을 이환궁(泥丸宮)이라 하는데, 이는 양미간(兩眉間)을 말함.
25 『장자·지복유』에서 "지금 이미 하나의 사물로 존재하면서 근본으로 돌아가려 한다면 어 찌 어려운 일이 아니겠소!"(今已爲物也, 欲復歸根, 不亦難乎)라고 하였다.

『봉의보감』에도 이와 크게 다르지 않은 이야기가 나온다. "보통 한번 성생활을 하면 반 홉가량 잃는데 잃기만 하고 보태 주지 않으면 정액이 줄어들고 몸이 피곤해진다. 때문에 성욕을 조절하지 않으면 정이 소모된다. 정이 소모되면 기가 쇠약해지고 기가 쇠약해지면 병이 생긴다. 병이 생기면 몸이 위험하게 된다. 그러므로 과연 정이라는 것은 사람의 몸에서 가장 중요한 보배라고 말할 수 있다"라 나온다.

75

유진인의 애욕을 끊는 법

유진인劉真人이 낙양洛陽 생활 3년 동안에 날마다 오직 실상이 공허함을 보고 잡념을 잊으려고 하였다. 애욕[愛根]26이 막 싹트면 곧바로 외워 말하였다.

"북도北都 천곡부泉曲府의 가운데에는 만 개의 귀신 떼 지어 있었네. 다만 사람의 계산을 막으려고 하고 사람의 명문命門을 끊으려고 하네."

이 요장謠章을 외우면 애욕은 곧바로 끊어지게 된다.

대개 북도의 천곡부는 바로 사람 정욕의 뿌리이니, 정욕의 뿌리가 막 싹트면 나풍산羅酆山에서 검은 구름이 뭉게뭉게 피어 오르고, 육귀六鬼들이 서로 싸우며 요괴가 주룩주룩 궂은비를 내리게 한다. 이때 수련을 배운 사람이 여기에 이르게 되면 반드시 그들을 굴복시켜야 한다.

劉眞人洛陽三年, 日唯觀空遣忘. 愛根纔動, 便誦曰: "北都泉曲府,
유 진 인 낙 양 삼 년 일 유 관 공 견 망 애 근 재 동 변 송 왈 북 도 천 곡 부

中有萬鬼群. 但欲遏人算, 斷絶人命門."
중 유 만 귀 군 단 욕 알 인 산 단 절 인 명 문

誦此謠章, 愛根斬然. 蓋北都泉曲府, 乃人之慾根也. 慾根纔動,
송 차 요 장 애 근 참 연 개 북 도 천 곡 부 내 인 지 욕 근 야 욕 근 재 동

羅酆起漫漫之黑雲, 六鬼交鋒, 妖精趲淋淋之苦雨. 學人到此,
나 풍 기 만 만 지 흑 운 육 귀 교 봉 요 정 찬 림 림 지 고 우 학 인 도 차

要降伏之.
요 항 복 지

【평설】 유진인劉眞人은 유처현劉處玄으로 금나라 때의 도사였다. 애근愛根

곧, 애욕이 일어나게 되면 위의 말을 외워서 애욕을 단절시키곤 하였다.

북도천곡부北都泉曲府는 즉 북도나풍北都羅酆이다. 북도나풍은 사람의 몸

으로 보자면 신장腎臟 아래에 위치해 있다. 이 부위가 바로 인간 정욕의 근

원이 된다. 그러니 정욕의 뿌리가 싹트게 되면 반드시 그러한 생각을 끊어

버려야 한다.

---

26 애근(愛根): 다른 번뇌를 일으키게 하는 근본(根本)이라는 '애욕(愛慾)의 번뇌(煩惱)'.

76

마음에 잡념을 없애라

『종경록』宗鏡錄에 말하였다.

"오랜 세월 선한 근성 심기를 깊게 한다면 티끌을 만나도 티끌이 침범을 못 하게 되니, 티끌이 침범하지 못할 뿐만 아니라 이로부터 내 마음에 잡념이 없네."

이것은 바로 이른바 그 마음이 깨끗함을 따르면 불토가 깨끗하여서 사특한 마귀가 들어오지 못하고, 욕화慾火: 성적 흥분가 은근히 꺼져서 자유롭게 살아 허공과 같게 되어야 바야흐로 욕망을 끊었다고 할 수가 있다. 세상 사람들은 (이러한 사실을) 알지 못하여 생각이 일어나는 대로 억제하여서 원화元和를 손상한다. 더러는 또 사정하지 않는 것을 환정보뇌還精補腦[27]로 삼겠지만 신기神氣가 이미 떠나서 한갓 콩밭에 패체敗滯하는 것만을 머물게 하여 기이한 질병을 초래하게 되니 어쩌면 그리도 어리석은가?

『宗鏡錄』曰: "久種善根深, 逢塵塵不侵. 不是塵不侵, 自是我無心."
종 경 록 왈   구 종 선 근 심 봉 진 진 불 침   불 시 진 불 침 자 시 아 무 심

此正所謂隨其心淨則佛土淨,
차 성 소 위 수 기 심 정 즉 불 토 정

邪魔不入, 慾火潛消, 自在逍遙, 與虛空等, 方是絶慾.
사 마 불 입 욕 화 잠 소 자 재 소 요 여 허 공 등 방 시 절 욕

世人不知, 隨起隨抑, 傷損元和.
세 인 부 지 수 기 수 억 상 손 원 화

或又以不泄爲還精補腦, 神氣已去, 徒留敗滯之物於腰腎, 致成奇疾,
혹 우 이 불 설 위 환 정 보 뇌 신 기 이 거 도 류 패 체 지 물 어 요 신 치 성 기 질

何其昧哉?
하 기 매 재

【평설】 오랫동안 착한 일을 해나가면 티끌 같은 번뇌가 들어올 틈이 없고 잡념도 없게 된다. 마음이 깨끗해지면 욕망으로부터 자유로울 수 있다. 여기에는 성적인 욕망도 포함된다. 그러나 세상 사람들은 이런 평범한 사실도 알지 못하고 성적인 생각을 억지로 누르려고 하고, 그도 아니면 정사는 하되 사정하지 않는 환정보뇌의 방법을 찾는다. 이러한 방법들은 목적하는 결과를 이루어 내지 못할 뿐 아니라 자칫 건강을 해치기도 한다. 몸과 정신의 자유가 모두 마음에 달려 있음을 말했다.

27 환정보뇌(還精補腦): 요가 수행 중 거꾸로 서기 자세를 하면 누설되는 정액이 되돌아와 뇌를 보강해서 장수한다는 말.

선비는 색욕을 절제해야 한다

선비는 책을 읽고 글을 쓰는 데 고생스러우니, 색욕을 절제하는 것이 가장 마땅하다. 대개 지나치게 신경을 쓰고 색욕을 절제하지 않으면 화가 움직이게^{화동(火動): 몸에 진액이 부족해 허열이 발동하는 것} 되고 화가 움직이게 되면 신수腎水가 날마다 소모가 되고 수가 소모되어 화가 치성하게 되면 폐가 손상되어 노채勞瘵로 바뀐다.

士子讀書作文辛苦, 最宜節慾. 蓋勞心而不節慾, 則火動,
사 자 독 서 작 문 신 고 최 의 절 욕 개 로 심 이 부 절 욕 즉 화 동

火動則腎水日耗, 水耗而火熾則肺金受害, 傳變爲勞瘵.
화 동 즉 신 수 일 모 수 모 이 화 치 즉 폐 금 수 해 전 변 위 노 채

【평설】 이 글은 명나라 육용陸容의 『숙원잡기』菽園雜記에 나온다. 선비는 읽고 쓰는 데 진이 빠지니 몸과 정신에 많은 무리가 따른다. 여기에 색욕까지 절제하지 않으면 병을 부르게 마련이다. 그로 인한 병을 노채라 하였다. 노채는 결핵균이 폐에 침입하여 생긴 전염성을 띤 만성 소모성 질병이다.

마음을 거두고 성품을 수양하라

동원東垣이 말했다.

"정精을 거두어 간직하는 일을 주관하는 것은 신장[腎]이고, 그것을 잘 통하게 하고 내보내는 기능을 맡은 것은 간이다. 두 장기는 모두 상화相火를 가지고 있고 그 계系는 위로 심장에 속한다. 심장은 군화君火28이니 사물에 감응되면 쉽게 움직인다. 심장이 움직이면 상화도 또한 움직이고, 상화가 움직이면 정精이 제멋대로 움직이고 상화가 갑작스레 일어나면 비록 성교를 하지 않더라도 정액이 모르는 사이에 흘러서 새어나가게 된다. 그러므로 성인은 다만 '마음을 거두고 성품을 수양하는 것'만을 사람들에게 가르쳤으니 그 뜻이 깊다.

東垣云: "主閉藏者, 腎也; 司疏泄者, 肝也. 二髒皆有相火,
동 원 운 주 폐 장 자 신 야 사 소 설 자 간 야 이 장 개 유 상 화

而其系上屬於心. 心, 君火也, 爲物所感則易動,
이 기 계 상 속 어 심 심 군 화 야 위 물 소 감 즉 이 동

心動則相火亦動, 動則精自走. 相火翕然而起, 雖不交會,
심 동 즉 상 화 역 동 동 즉 정 자 주 상 화 흡 연 이 기 수 불 교 회

亦暗流而疏泄矣. 所以聖人只自教人收心養性, 其旨深矣!"
역 암 류 이 소 설 의 소 이 성 인 지 자 교 인 수 심 양 성 기 지 심 의

【평설】 이 글은 『동의보감』에도 보인다. 다만 『동의보감』에는 주진형朱

震亨의 말로 나오는데, 『식색신언』에는 이고李杲(1180~1251)의 말로 나

온다. 마음을 거두고 성품을 수양한다는 '수심양성'收心養性은 맹자의 말

이다. 이 방법을 사용하면 저절로 몸의 안정과 편안함을 찾을 수 있다.

---

28 군화(君火): 상초(上焦)에 있어 전신을 주재하는 심화(心火)를 뜻하는 말이다.

79

1년에 5개월은 여색을 멀리하라

4월은 사巳에 속하고 5월은 오午에 속하니 화火가 크게 왕성하게 되고, 화가 왕성하면 금金이 쇠하게 된다. 6월은 미未에 속하니 토土가 크게 왕성하게 되고 토가 크게 왕성하면 수水가 쇠하게 된다. 그러므로 옛사람들이 여름에 혼자 자고 담박한 맛을 먹어서 조심하고 삼가하여 금金과 수水의 두 개의 장기폐(肺)와 신(腎)를 보양하였으니 화와 토의 왕성함을 바로 미워하기 때문이다.

『내경』內經에 이르기를 "겨울에 정기를 간직하지 않으면 봄에 반드시 온병溫病을 앓는다"라고 했다. 10월은 해亥에 속하고 11월은 자子에 속하니 화기가 잠복潛伏하고 폐장閉藏하여서 그 본연의 진기眞氣를 길러서 돌아오는 봄에 발생하여 상승하는 근본이 된다. 이때에 육욕에 빠져서 몸을 해치면 봄에 기운이 오르는 때에 이르러 신체 하부에 근본이 없어서 양기陽氣가 가볍게 떠올라 반드시 온열의 병이 있게 되니, 이 다섯 달이 1년에서 가장 허약할 때이다. 상현달 전과 하현달 후와 같으면 달의 윤곽이 비어서 한

달에서 가장 허약할 때이다. 바람이 불고 안개가 끼며 천둥이 치고 무지개가 뜨고 번개가 치고, 심한 추위와 심한 더위, 일식과 월식, 시름하고 놀라고 슬퍼하며, 술에 취하고 배불리 먹으며, 피로하고 생각하고 노고함은 하루에서 가장 허약할 때이다.

병환이 처음에는 물러나는 것 같더라도 창이瘡痍: 피부병과 옹종가 바로 일어나면 더욱 하루에서 가장 허약할 때에 그치지 않으니 세속에서 이르는바 주하병²⁹과 같다. 이 네 가지의 허약한 때도 마땅히 여색을 잠시 멀리하여서 천연적인 조화를 보존해야 한다. 앞에서 말한 5개월은 마땅히 밖에 나가서 거처하여 기욕嗜欲이 나게 할 만한 것을 보지 않아서 마음을 어지럽지 않게 해야 한다.

四月屬巳, 五月屬午, 火大旺,
사 월 속 사 오 월 속 오 화 대 왕
火旺則金衰, 六月屬未, 土大旺, 土旺則水衰. 古人於夏, 獨宿淡味,
화 왕 즉 금 쇠 유 월 속 미 토 대 왕 토 왕 즉 수 쇠 고 인 어 하 독 숙 담 미
兢兢業業, 保養金水二臟, 正嫌火土之旺爾.『內經』曰: "冬不藏精者,
긍 긍 업 업 보 양 금 수 이 장 정 혐 화 토 지 왕 이 내 경 왈 동 부 장 정 자
春必病溫." 十月屬亥, 十一月屬子, 火氣潛伏閉藏, 以養其本然之真,
춘 필 병 온 시 월 속 해 십 일 월 속 자 화 기 잠 복 폐 장 이 양 기 본 연 지 진
而爲來春發生升動之本. 此時恣欲戕賊, 至春升之際, 下無根本,
이 위 래 춘 발 생 승 동 지 본 차 시 자 욕 장 적 지 춘 승 지 제 하 무 근 본
陽氣輕浮, 必有溫熱之病. 此五個月, 一年之虛耳. 若上弦前下弦後,
양 기 경 부 필 유 온 열 지 병 차 오 개 월 일 년 지 허 이 약 상 현 전 하 현 후
月廓月空, 爲一月之虛. 風霧大雷虹電, 暴寒暴熱, 日月薄蝕,
월 곽 월 공 위 일 월 지 허 풍 무 대 뢰 홍 전 폭 한 폭 열 일 월 박 식
愁怒驚悲, 醉飽勞倦, 謀慮勤動, 爲一日之虛. 若病患初退, 瘡痍正作,
수 로 경 비 취 포 로 권 모 려 근 동 위 일 일 지 허 약 병 환 초 퇴 창 이 정 작

尤不止一日之虛,與俗所謂注夏病,此四者之虛,亦宜暫遠帷幕,
우 부 지 일 일 지 허 여 속 소 위 주 하 병 차 사 자 지 허 역 의 잠 원 유 막

保全天和. 前五個月宜出居於外, 不見可欲, 使心不亂也.
보 전 천 화 전 오 개 월 의 출 거 어 외 불 견 가 욕 사 심 불 란 야

【평설】 전반적으로 한의학적인 내용이다. 4월과 5월은 '화왕즉금쇠'火旺

則金衰하고 6월은 '토왕즉수쇠'土旺則水衰하여 화火와 토土가 왕성하여 폐

肺와 신腎을 보호하기 위해 여색을 멀리해야 한다. 10월과 11월에 여색에

빠져서 몸을 해치면 온열병溫熱病이 있게 된다. 그러니 특히 이 다섯 달은

성욕을 유발할 만한 것을 눈으로 보지 않는 것이 좋다고 했다.

---

29 주하병(注夏病): 이 병은 음이 허하고 원기가 부족한 증에 속하므로 내상병(內傷病)의 한
종류이다. 늦봄이나 초여름에 두통과 각연(脚軟, 다리가 야위고 힘이 없어지는 병증)을 앓고
식사량이 적어지고 몸에 열이 나는 증이 바로 이것이다. 『의림촬요』(醫林撮要) 참고.

80

정욕의 생각을 없애는 공부

사람은 정욕 가운데에서 살고 죽는 것이니 누가 능히 정욕이 없으리오? 다만 처음에는 농후하나 다음에는 시들해지고, 그 다음에는 생각에서 비록 일어나기는 하나 지나간 것은 마음에 담아 두지 않았으며, 그 다음에는 비록 생각이 나지만 밀랍을 씹는 것 같아서 아무런 맛이 없으며, 또 다음에는 생각이 없게 되니 이것이 공부이다.

옛날 잠언에 이르기를 "잡념이 일어나는 것을 걱정할 것이 아니라, 다만 뒤늦게 깨닫는 것을 걱정해야 할 것이다"라 하였고 "선가仙家의 도인道人은 신통함이 있는 것이 아니라, 정기를 쌓고 기를 길러서 신선이 되었다"라 하였다.

人從慾中生死, 孰能無慾? 但始則濃厚, 次則淡薄, 次則念頭雖起,
인 종 욕 중 생 사 숙 능 무 욕 단 시 즉 농 후 차 즉 담 박 차 즉 념 두 수 기

過而不留, 次則雖有念, 如嚼蠟而無味,
과 이 불 류 차 즉 수 유 념 여 작 랍 이 무 미

又次則無念, 斯爲工夫耳. 古箴曰 "不怕念起, 只怕覺遲."
우 차 즉 무 념 사 위 공 부 이 고 잠 왈 불 파 념 기 지 파 각 지

"仙家道人非有靈, 積精養炁以成真."
선 가 도 인 비 유 령 적 정 양 기 이 성 진

【평설】 이 글은 명明 이락李樂의 『견문잡기』見聞雜記에 보인다. 정욕은 원래 타고난 것이니, 정욕이 없는 사람은 없다. 문제는 거기에서 누가 자유로울 수 있느냐의 여부다. 정욕에 집착하지 않으면 어느새 그러한 생각조차 떠오르지 않는 경지에까지 이르게 된다. 말처럼 쉽지는 않지만 개인의 수양에 따라 도달할 수 있는 경지다.

81

욕심을 줄이면 아이가 귀하고 장수하게 된다

『중화집』에 이른다. "천임天壬과 지계地癸는 바로 천지의 원정元精과 원기元氣이다. 몸 밖에서 조절을 하면 사람이 되고, 몸 안에서 보익補益하면 내단內丹을 이룬다. 세상 사람들이 아들을 낳고 딸을 낳는 것은 실로 운명 속에서 얻어진 것에 연유한 것이고, 사람의 힘에 연유하지 않는다는 것을 알지 못한다. 만약에 음욕을 끊고서 스스로 수양하지 않으면 곧바로 정화精華가 고갈되는 것을 기다려서 일찌감치 요절하는 데에 이르게 되니 대단히 애석한 일이다. 또 어찌 욕심을 적게 해서 아들을 얻으면 그 아들이 귀하게 되고 장수를 하게 되며, 욕심을 많게 해서 아들을 얻게되면 어리석고 일찍 죽는다는 것을 알겠는가."

『中和集』曰: "天壬地癸, 乃天地元精元氣. 節之於外則成人,
중 화 집 왈   천 임 지 계 내 천 지 원 정 원 기 절 지 어 외 즉 성 인
益之於內則成丹.
익 지 어 내 즉 성 단
世人不知生男生女實由命分中得, 不由人力. 若不斷淫絕慾,
세 인 부 지 생 남 생 녀 실 유 명 분 중 득 불 유 인 력 약 불 단 음 절 욕

自爲修養, 直待精華耗竭, 早至夭亡, 人可惜也,
자 위 수 양 직 대 정 화 모 갈 조 지 요 망 대 가 석 야

又豈知寡慾而得男, 貴而壽; 多欲而得男, 濁而夭耶?"
우 기 지 과 욕 이 득 남 귀 이 수 다 욕 이 득 남 탁 이 요 야

【평설】 아이의 출생과 성별은 임의로 선택할 수 있는 것이 아니고 운명이

다. 그것은 하늘의 섭리에 의해 결정된다. 우리가 선택할 수 있는 것은 여

색을 끊고 욕심을 줄이는 일뿐이다. 글의 말미에서 여색을 절제하지 못하

거나 욕심을 줄이지 못하면 자신도 죽이고 자식도 죽게 할 수 있다는 말은

무섭게 새길 만하다.

82

죽음으로 달려가는 두 가지 길

『쇄금록』에 이른다. "내가 인간 세상을 살펴보건대 죽을 둥 살 둥 죽음으로 달려가는 자는 온갖 냇물이 동쪽으로 흘러가는 것과 같다. 그 죽을 곳이 두 가지가 있으니, 명성과 지위의 화기禍機: 재앙의 조짐를 저촉한 것이고, 잠자리의 위험한 길을 무릅쓴 것이다. 능히 그것을 가까이하지 않는 자는 엄청나게 많은 사람들 중에 간혹 한두 사람이 있을 뿐이다."

『碎金錄』曰: "吾諦觀人世, 誙誙然趣死者, 如百川東注也.
쇄 금 록 왈   오 체 관 인 세   경 경 연 취 사 자 자 여 백 천 동 주 야
其死所有二焉: 觸名位之禍機,
기 사 소 유 이 언   촉 명 위 지 화 기
冒衽席之畏途. 能不邇者, 萬萬中或有一二."
모 임 석 지 외 도 능 불 이 자 만 만 중 혹 유 일 이

【평설】 이 글은 송宋나라 조형晁逈의 『법장쇄금록』法藏碎金錄 권卷 9에 나온다. 뻔히 죽을 길인 줄 알고서도 사람들은 모두 다 그곳으로 달려간다.

죽을 길은 두 가지가 있으니, 명성과 지위를 탐하는 것과 여색을 밝히는 것이다. 앞의 것은 남들에게 해침을 당하게 되고 뒤의 것은 제 스스로 해치는 일이다. 이 죽을 곳에 발을 담그지 않는 사람은 예나 지금이나 아주 드물다.

군자는 정력을 아껴서 몸을 보호해야 한다

청허장인淸虛丈人이 장닭을 먹다가 다른 사람에게 말하였다.

"장닭의 뼈가 단단하고 근육이 뻑뻑한 것은 양기가 몹시 손상된
[亡陽] 때문이고, 선계線雞: 거세된 닭는 그렇지 않으니, 군자는 정액
을 아껴서 몸을 보존하는 방술을 알아야 한다"라 하였다.

清虛丈人食雄雞, 語人曰: "雄雞骨強肌澁, 亡陽故也. 線雞則不然.
청 허 장 인 식 웅 계 어 인 왈   웅 계 골 강 기 삽 망 양 고 야 선 계 즉 불 연
君子可以知惜精保身之術矣."
군 자 가 이 지 석 정 보 신 지 술 의

【평설】 청허장인淸虛丈人은 시와 그림에 능했던 인물이다. 소식蘇軾이 서
주徐州에 있을 때에 서로 친하게 왕래하였다. 장닭을 거세하면 근육이 차
츰 없어지면서 살이 많아지고, 피하지방 축적량이 많아져 육질이 좋아진
다. 거세한 장닭을 chapon이라고 한다. 여기에서는 사람이나 짐승이나
색을 밝히면 몸을 못 쓰게 된다는 말을 하고 있다.

오직 조심뿐!

허노재許魯齋: 허형(許衡)가 말하였다.

"오만 가지 보양이 전부 다 거짓이니 다만 조심만이 가장 중요한 법이라네.

상산선생象山先生 육구연陸九淵이 귀곡산鬼谷山에 올라서 진흙길 20~30리를 다녔다. 선생이 말하였다.

'평소에 정력을 극도로 아껴서 경솔하게 쓰지 않은 것은 쓸 곳이 있어서 남겨 두었던 것이니, 그래서 지금 이처럼 건강하다'라고 하였는데, 사람들은 모두 피곤함을 못 견디었다."

許魯齋曰: "萬般補養皆爲僞, 只有操心是要規. 象山先生登鬼谷山,
허 노 재 왈 만 반 보 양 개 위 위 지 유 조 심 시 요 규 상 산 선 생 등 귀 곡 산

行泥塗二三十里, 云平日極惜精力,
행 니 도 이 삼 십 리 운 평 일 극 석 정 력

不輕用, 以留有用處, 所以如今如是健, 諸人皆困不堪."
불 경 용 이 류 유 용 처 소 이 여 금 여 시 건 제 인 개 곤 불 감

【평설】 보약과 보양식도 전부 다 쓰잘 데 없는 것이다. 건강을 지키기 위한 가장 중요한 비법은 조심操心에 있었다. 마음을 놓는 순간 몸과 정신은 하지 않아야 할 행동과 생각을 한다. 결국 조심함으로써 몸과 마음의 평정을 찾아 한세상 실수 없이 살아갈 수 있다. 유성룡은 이 시구를 써서 제자들에게 보이며 "이것은 곧 허노재의 명언이니 너희들은 평생토록 깊이 생각해야 한다"라 하였다.

85

여색은 마음속에서 통제해야 한다

백민伯敏: 왕창수(汪昌壽)의 호이 정욕의 마음에 대해서는 그 그릇된 것을 강하게 통제할 수가 있었지만, 다만 그것을 유지하는 것을 오래하지는 못하였다.

상산象山이 이른다.

"다만 겉으로는 강하게 통제할 수 있다고 해도 안으로는 그 근본을 생각하지 않는다고 하면, 함양하는 공이 이르지 못하기 때문이다. 만약에 마음속에서 어떻게 하는 것이 정당한지 알았다면, 어찌 모름지기 강하게 통제할 것이 있겠는가. 바로 이러한 말과 같다면 그대를 갑자기 아름다운 여인이 앞에 있게 하더라도 그대는 반드시 여색을 좋아하는 마음이 없을 것이다. 그런데 마음이 늘 현재와 같다면 무얼 모름지기 강하게 통제할 것이 있겠는가."

육상산이 덧붙여 말하였다.

"처음 배우는 자들은 능히 얼마나 많은 정신을 완전히 모을 수

가 있겠는가? 겨우 잠시 동안 가지고 있다가 흩어지게 된다. 나는 평소에 어떤 모습의 깊은 수양이 있었으므로 정신이 흩어지기 어려운 것이 많이 있었다."

또 말하였다.

"조심하고 공경하여 밝게 상제를 섬기면,[30] 상제께서 너에게 내려와 계시니 네 마음에 의심을 두지 마라.[31] 전전긍긍할 것이라면, 어찌 자기와 상관없는 일에 참견할 시간이 있겠는가."

伯敏於此心, 能剛制其非, 只是持之不久耳.
백 민 어 차 심 능 강 제 기 비 지 시 지 지 불 구 이

象山云: "只剛制於外, 而不內思其本, 涵養之功不至.
상 산 운 지 강 제 어 외 이 불 내 사 기 본 함 양 지 공 부 지

若得心下[32] 明白正當, 何須剛制. 且如在此說話, 使忽有美色在前,
약 득 심 하 명 백 정 당 하 수 강 제 차 여 재 차 설 화 사 홀 유 미 색 재 전

老兄必無悅色之心. 若心常似如今, 何須剛制."
노 형 필 무 열 색 지 심 약 심 상 사 여 금 하 수 강 제

象山曰: "初學者能完聚得幾多精神? 纔一霍便散了.
상 산 왈 초 학 자 능 완 취 득 기 다 정 신 재 일 곽 변 산 료

某平日如何樣完養, 故有許多精神難散."
모 평 일 여 하 양 완 양 고 유 허 다 정 신 난 산

---

30 『시경』(詩經) 「대아」(大雅) '대명'(大明)에 "오직 이 문왕이, 조심하고 공손하여, 상제를 밝게 섬기시어, 많은 복을 오게 하셨도다"(維此文王, 小心翼翼. 昭事上帝, 聿懷多福)라고 한 것을 차용한 것이다.

31 『시경』에 말하기를 "상제께서 너에게 내려와 계시니, 너는 의심하지 마라"라고 하였고, 또 말하기를 "의심하고 근심하지 마라. 상제께서 너에게 내려와 계시니라"라고 하였다(詩 曰, 上帝臨汝, 無貳爾心. 又曰, 無貳無虞, 上帝臨汝)는 구절을 두고 말한다.

32 下가 不로 된 것도 있다.

又曰:"小心翼翼, 昭事上帝, 上帝臨汝, 無貳爾心, 戰戰兢兢,
우 왈 소 심 익 익 소 사 상 제 상 제 임 여 무 이 이 심 전 전 긍 긍

那有閑管時候!" (此是象山完養工夫.)
나 유 한 관 시 후   차 시 상 산 완 양 공 부

【평설】 정욕의 마음을 외적으로 통제하는 것은 한계가 있다. 이런 방식은

잠시 동안은 모르겠지만 오래 지속되기 어렵다. 내적으로 변화가 일어나

야 완전한 변화인 것이다. 이러한 변화가 일어나야 아름다운 여인이 앞에

있어도 흔들림이 없게 된다. 억지로 참는 것이 아니라 아예 참을 마음조차

없는 경지가 되어야 한다. 하지만 이러한 경지는 하루아침에 이루어지는

것이 아니다. 깊은 수양 끝에 터득할 수 있다.

86

깨달음을 방해하는 일

손선고孫仙姑가 이른다.

열 살의 남자 아이는 수련하기에 딱 좋으니 대단大丹이 새는 것이 없어 완전해질 수가 있게 되네. 금단金丹과 사리舍利는 완전히 손실이 없어서 청정한 몸과 마음이 영주瀛洲로 가게 된다.

스무 살쯤에 아내를 얻으면 산 귀신과 함께 자더라도 마음이 두렵지 않으니, 금정金鼎을 뒤집어 단사丹砂를 잃고 영롱한 칠보탑을 잡아당겨 넘어뜨린 것 같네.

서른 살 때 이미 기생집에 가서 누에가 고치 안에서 잠자는 것과 같게 되니, 온몸의 위아래를 누에실로 동여매어 고정하여 보리와 선을 깨닫지 못하게 되네.

사십 살에 남자 아이를 낳고 여자 아이 기르기를 많이 하면 원양元陽이 소모하여 중화中和를 손상시키게 되네. 고통이 와도 종전의 고통만을 생각하여 서둘러서 호색할 기회가 많지 않은 것만을 한스러워하네.

오십 살이 넘어서야 늙어서 그만두는 짓은 소년 시절 마음 잡지 못해서이네. 그러다가 원양元陽을 다 소모하고 말았으니 마치 기름을 다 짜고 남은 참깨 찌꺼기 같네.

육십사오 세가 되니 매우 쪼글쪼글해져서 손자 애들도 눈앞에 어른대네. 설령 일흔 넘어 백 세까지 산다 한들 약재를 가루 내어 찌꺼기만 남는 것과 같네.

해질녘 그림자 속에 하나의 해골은 절반은 황량한 교외에 누워 있고 절반은 흙언덕에 있네. 그래도 목구멍 속에 만약에 세 치의 기운이 있게 되면 재물을 탐하고 여색을 좋아해서 풍류를 즐거워하리.

아내는 사나운 범이고 아이들은 이리이니 나는 무리 가운데 있는 한 마리 양이 되네. 다만 저들이 기쁠 때를 얻으면 함께 기뻐하고, 저들이 번뇌를 하게 되면 나는 재앙을 만나게 되네. 등 위에 안장을 얹으면 (내가) 노새와 말과 같고 코 안에다 끈을 꿰면 (내가) 낙타와 소와 같은데, 심하게는 축생이 되어 유달리 괴로움을 받게 되나, 좋은 사람들 말려도 머리를 돌리지 않네.

孫仙姑云: 十歲童男正好修, 大丹無漏可全周. 金丹舍利全不壞,
손 선 고 운   십 세 동 남 정 호 수 대 단 무 루 가 전 주 금 단 사 리 전 불 괴

清淨身心赴瀛洲. 二十上下聚渾家, 活鬼同眠心不怕.
청 정 신 심 부 영 주 이 십 상 하 취 혼 가 활 귀 동 면 심 불 과

掀翻金鼎走丹砂, 拽倒玲瓏七寶塔. 三十已上火院牽,
흔 번 금 정 주 단 사 예 도 영 롱 칠 보 탑 삼 십 이 상 화 원 견

恰似蠶兒繭內眠. 渾身上下纏縛定, 不悟菩提不悟禪.
흡 사 잠 아 새 내 면 혼 신 상 하 전 박 정 불 오 보 리 불 오 선

四十生男長女多, 元陽耗散損中和. 思量苦來從前苦,
사 십 생 남 장 녀 다 원 양 모 산 손 중 화 사 량 고 래 종 전 고

急急貪花恨不多. 五十以上老來休, 少年不肯早回頭.
급 급 탐 화 한 불 다 오 십 이 상 노 래 휴 소 년 불 긍 조 회 두

直待元陽耗散盡, 恰似芝麻壓盡油. 六十四五老幹巴,
직 대 원 양 모 산 진 흡 사 지 마 압 진 유 육 십 사 오 로 간 파

孫男孫女眼前花, 那怕七十活一百, 皂角揉殘一把查.
손 남 손 녀 안 전 화 나 피 칠 십 활 일 백 조 각 유 잔 일 파 사

迴光影裏一骷髏, 半臥荒郊半土坵. 喉中若有三寸氣,
회 광 영 리 일 고 루 반 와 황 교 반 토 구 후 중 약 유 삼 촌 기

貪財好色逞風流. 妻是猛虎兒是狼, 我在群中作一羊.
탐 재 호 색 영 풍 류 처 시 맹 호 아 시 랑 아 재 군 중 작 일 양

但得喜時同歡喜, 他們煩惱我遭殃. 背上搭鞍驢共馬,
단 득 희 시 동 환 희 타 문 번 뇌 아 조 앙 배 상 답 안 려 공 마

鼻內穿索駝共牛. 爲甚畜生偏受苦, 好人勸著不回頭."
비 내 천 삭 타 공 우 위 심 축 생 편 수 고 호 인 권 저 불 회 두

【평설】 손선고는 금金나라 때 여자 도사道士이다. 법명法名은 불이不二이

고 호는 청정산인清淨散人이다. 마단양馬丹陽의 아내로 면벽한 지 7년 만

에 깨달음을 얻었다. 깨달음을 방해하는 일들에 대해서 담담히 말한다.

어릴 때 수련하기에 적합했던 몸은 차츰 나이가 들어 여색女色을 알면서

그렇지 못한 몸으로 바뀌어 간다. 또 처자식을 위해 사는 것은 자신을 가

족의 굴레에서 벗어나지 못하게 만든다. 구도자에게 여색과 처자식은 철

저한 구도求道의 길에 전념치 못하게 만드는 가장 큰 요인이다. 지금도 일

부 종교에서 독신을 고집하는 이유도 이와 크게 다르지 않다.

여색의 문제는 그렇게 볼 수 있는 여지도 있으나 가족에 대한 생각은 꼭

동의할 수 없는 부분도 있다. 가족이 굴레라 생각하면 더할 수 없는 굴레이기도 하지만 더 열심히 살아야 한다는 삶의 동기 부여에 가족만 한 것도 없기 때문이다. 아내는 사나운 범에 아이들은 이리에 자신은 양에 빗댄 것과 자신의 등과 코에 안장과 코뚜레를 했다는 것은 가장의 엄중한 무게로도 읽힌다.

5부

청정하라

87

부처를 배운 범진

황정견黃庭堅[1]이 일찍이 범진范鎭[2]에게 들러서 하루 종일 마주했는데 몸을 바르게 하고 단정히 앉아 있었다. 범진이 말하였다.

"나는 20년 동안 가슴속에 일찍이 아무 생각도 일어난 적이 없었고, 최근 1~2년 동안은 그다지 책을 보지 않았습니다. 만약 손님이 없으면 하루 종일 혼자 앉아 있다가 한밤중이 되어야 잠이 들었습니다. 비록 아이들이 시끄럽게 불러도 가까이에 있는데도 아무것도 듣지 못했습니다."

소동파가 말하였다.

"범진은 평소에 부처를 좋아하지 않았으나, 만년에 가서는 청신淸愼하고 절제하여서 정욕을 품을 대상을 마음에 두지 않았으니 알고 보면 부처를 배운 작가이다."

黃庭堅嘗過范景仁, 終日相對, 正身端坐. 景仁言: "吾二十年,
황 정 견 상 과 범 경 인 종 일 상 대 정 신 단 좌 경 인 언 오 이 십 년
胸中未嘗起思慮, 一二年來不甚觀書,
흉 중 미 상 기 사 려 일 이 년 래 불 심 관 서

若無賓客, 則終日獨坐. 夜分方睡. 雖兒曹謹呼, 咫尺不聞."
약 무 빈 객 즉 종 일 독 좌 야 분 방 수 수 아 조 환 호 지 척 불 문

東坡曰: "范景仁平生不好佛, 晚年清愼減節, 嗜欲物不芥蔕於心,
동 파 왈 범 경 인 평 생 불 호 불 만 년 청 신 감 절 기 욕 물 불 개 체 어 심

卻是學佛作家."
각 시 학 불 작 가

【평설】 범진은 평생 동안 사마광司馬光과 의기가 서로 통하였고 소식蘇軾
과도 교유하였다. 사마광은 "나와 경인景仁(범진)은 성姓이 같지 않은 형제
다"라 하였고, 소식은 그의 묘지명인 「범경인묘지명」范景仁墓誌銘을 쓰기
도 했다. 범진은 20년 동안 잡념이 떠오르지 않았고 책도 가까이하지 않
았다. 혼자 있는 것을 즐겨하다 밤에는 잠에 빠져들었다. 삼매에 빠진 듯
아이들이 큰소리로 불러 대도 알아채지 못하였다. 스님이나 다름없는 삶
이었다. 그를 잘 아는 소식은 그를 부처를 배운 작가라 평가했다. 그를 잘
아는 사람의 적절한 평가였다.

---

1 황정견(黃庭堅, 1045~1105): 송나라 때 시인. 자는 노직(魯直). 호는 산곡(山谷). 강서시파
(江西詩派)의 창시자로 생전에는 소식(蘇軾)과 거의 같은 명성을 누렸고, 죽어서는 두보의
계승자로 추앙받았다. 서가(書家)로서도 송대 4대가의 한 사람으로 꼽힌다.

2 범진(范鎭, 1007~1087): 송나라 때 사람으로 자는 경인(景仁). 벼슬은 한림학사(翰林學士)
등을 지냈다. 왕안석(王安石)의 변법(變法)에 반대하여 사직하였고, 『신당서』(新唐書) 등
의 편수에 참여하였다.

88

임공혜의 양생법

임공혜任共惠가 추밀사樞密使에 올라서 나이가 늙었는데도 건강하였다. 여허공呂許公이 약물藥物을 복용하는 방법에 대해 묻자 임공혜가 대답하였다.

"양생하는 방법을 나는 알지 못합니다. 다만 중년에 『문선』文選을 읽고서 깨닫는 것이 있었으니 '돌이 옥을 간직하고 있으면 산을 빛나게 하고 물이 구슬을 품고 있으면 냇물이 아름답게 된다'라고 했습니다."

허공이 깊이 수긍하였다.

任萃惠⁴登樞, 年耆康強. 呂許公詢服餌之法, 萃惠謝曰:
"不曉養生之術. 但中年讀 『文選』 有所悟爾,
謂'石韞玉以山輝, 水舍珠而川媚'也." 許公深以爲然.

【평설】 임공혜任共惠는 나이가 늙었는데도 건강을 유지하고 있었다. 여허공呂許公은 무슨 약을 먹어서 이처럼 건강을 잘 유지하는지 궁금해서 질문을 던진다. 그러나 임공혜는 『문선』에 있는 글귀를 이용해서 뜻밖의 대답을 한다. 진晉나라 육기陸機가 지은 「문부」文賦에 "돌이 옥을 감추고 있으면 그 때문에 산이 빛나고, 물이 진주를 품고 있으면 내가 그 때문에 아름답게 된다"石韞玉而山輝 水懷珠而川媚라는 말을 했다. 또, 주자朱子도 「감흥시」感興詩에서 "진주가 들어 있기에 못 물은 스스로 아름답고, 옥이 묻혀 있기에 산 빛은 절로 눈부시다네"珠藏澤自媚 玉蘊山含輝라 한 바 있다.

무언가 거창한 비결이 있는 것이 아니었다. 훌륭한 재주와 덕을 마음속에 품고 있으면 자연스레 건강은 유지할 수 있다. 약을 먹어서 건강을 유지하는 건 하수에 불과하니, 약을 먹을 때만 잠시 반짝하며 효과를 보이기 때문이다. 반면 올바른 마음가짐은 오래도록 건강을 유지시켜 준다는 평범한 진리를 말해 준다.

---

3 여허공(呂許公): 여이간(呂夷簡, 979~1044)을 가리킨다. 북송 수주(壽州) 사람. 자는 탄부(坦夫)다. 진사(進士)를 거쳐 벼슬이 동평장사(同平章事)에 이르렀다. 허국공(許國公)에 봉해졌으며 문집이 있다.
4 임공혜(任共惠)의 오기(誤記)이다.

89

도를 배우는 것은 몸을 근본으로 삼아야 한다

황정견이 말하였다.

"사람이 나이가 어려서 혈기가 정해지지 않았을 때는 공자의 경계를 일찍 승복할 줄을 알지 못한다5. 그러므로 장성했을 때에는 혈기가 강해야 하는데도 강하지 못하게 되니 추위와 더위가 쉽게 엄습하는 것이다. 도를 배우려면 몸으로 하는 것을 근본으로 하여야 하니, 이 일에 유의하지 않아서는 안 된다"라 하였다.

山谷曰: "人生血氣未定, 不知早服仲尼之戒.
산 곡 왈 인 생 혈 기 미 정 부 지 조 복 중 니 지 계

故其壯也, 血氣當剛而不剛, 所以寒暑易侵耳. 學道以身爲本,
고 기 장 야 혈 기 당 강 이 불 강 소 이 한 서 이 침 이 학 도 이 신 위 본

不可不留意斯事也."
불 가 불 류 의 사 사 야

【평설】 나이가 어렸을 때는 여색을 밝히는 것이 얼마나 위험한지 잘 깨닫지 못한다. 그러나 여색을 밝히다 장성한 나이에 이르면 몸의 균형이 깨져 혹독한 추위나 더위를 견뎌 내지 못한다. 몸과 정신은 연동되어 있어서,

몸의 균형이 깨기면 정신이 온전할 리 만무하다. 그러니 몸 관리를 잘하는 것이야말로 도에 나아가는 기본이 되는 법이다.

---

5 중니지계(仲尼之戒): 『논어』(論語) 「자한」(子罕)에 "덕을 좋아함을 여색을 좋아함같이 하는 사람을 아직 보지 못하였다"(吾未見好德如好色者也)라 하였다. 공자가 진실로 덕을 좋아하는 사람이 드문 것을 한탄한 말.

백 세가 넘어도 몸을 자유롭게 움직이다

『소문』素問6에 이른다.

"마음을 편안히 하여 비우게 되면 진정한 기운이 모이게 되어
정신이 온전하게 간직하게 되니 병이 어디에서 들어올 수 있겠
는가? 이런 까닭으로 의지를 한가롭게 하여 욕망을 적게 하고
마음을 편케 하여 두려워하지 않으면 향락을 탐내는 것이 그 눈
을 수고롭게 할 수가 없고, 음란함이 그 마음을 현혹시킬 수가
없게 된다. 그러므로 능히 나이가 모두 백 세를 넘어도 몸의 움
직임이 노쇠하지 않게 되는 것은 그 덕이 온전해서 위태롭지 않
기 때문이다."

『素問』曰 : "恬澹虛無, 眞氣從之, 精神內存, 病安從來?
소 문 왈　　염 담 허 무 진 기 종 지 정 신 내 존 병 안 종 래
是以志閑而少欲, 心安而不懼, 嗜欲不能勞其目, 淫邪不能惑其心.
시 이 지 한 이 소 욕 심 안 이 불 구 기 욕 불 능 로 기 목 음 사 불 능 혹 기 심
所以能年皆度百歲而動作不衰者, 以其德全而不危也."
소 이 능 년 개 도 백 세 이 동 작 불 쇠 자 이 기 덕 전 이 불 위 야

【평설】 마음을 한가하고 편안한 가운데에 두어야 한다. 마음을 끓이게 되면 덩달아 정신이 온전치 않게 되고 그로 인해 몸도 균형을 상실하여 건강을 해치게 된다. 모든 일의 중심에 마음이 있으니, 마음이 평정하게 되면 향락이나 음란함에 빠지지 않게 된다. 마음이 흔들리고 안정치 못할 때 성에 집착하게 되기 마련이다. 성에 휘둘리지 않게 되면 백 세가 되어도 몸을 자유롭게 운신할 수 있다. 젊은 날 과도하게 성에 탐닉하게 되면 늙어서 몸이 말을 듣지 않게 된다. 성에 지나치게 빠질 때 인간이 자유로움을 얻는 경우는 드물다. 반면 성에서 한 발자국 물러섰을 때 비로소 인간은 자유로움을 얻는다. 성은 잠깐의 쾌락을 가져다주지만 정신과 육신에 오랜 후유증을 가져온다.

6 『소문』(素問): 중국 당나라 때 왕빙(王氷)이 쓴 동양에서 가장 오래된 의서(醫書). 황제(黃帝)와 명의(名醫) 기백(岐伯)의 문답 형식으로 음양오행, 침구(鍼灸), 맥(脈) 따위에 관하여 쓴 책이다. 모두 24권.

91

학문은 정신력에 달려 있다

학문은 온전히 정신력에 달려 있으니 정신력이 부족하게 되면 확립될 수가 없다. 대개 정신은 이오二五: 음양(陰陽)과 오행(五行)가 모인 것이니 사람의 근본이고 덕의 받침대이다. 불교와 도교는 우선 아껴서 기르고 완전히 튼튼히 하는 까닭에 학문이 밝혀지기가 쉽고 이루어지기가 쉽다. 그런데 우리 유교는 이것을 소홀히 여겨서 유독 설명하는 데 부족하고, 설명하여도 믿지 않아서 정욕에 관련이 있으며, 믿어도 지키는 것이 단단치 못하여 반드시 이루려는 의지가 있지 않은 것이다.

學問全在精神, 精神不足, 未有能立者. 蓋精者, 二五之萃,
학 문 전 재 정 신 정 신 부 족 미 유 능 립 자 개 정 자 이 오 지 췌

人之本, 德之輿也. 二氏合下, 愛養完固, 故其學易明易成. 吾儒忽此,
인 지 본 덕 지 여 야 이 씨 합 하 애 양 완 고 고 기 학 이 명 이 성 오 유 홀 차

獨欠講明; 講而弗信, 欲掣者也; 信而守弗固, 未有必成之志者也.
독 흠 강 명 강 이 불 신 욕 체 자 야 신 이 수 불 고 미 유 필 성 지 지 자 야

【평설】 학문은 정신에 달려 있다. 그런데 불교와 도교는 정신을 기르는 방향에 주안점을 두는데 유교는 이를 크게 염두에 두지 않는다. 이처럼 정신이란 문제에 대해 유교는 불교와 도교와는 확연히 다른 자세를 취한다. 유교는 정신보다는 실천과 행동 등 현실의 문제에 집중했다. 이러한 점이 오히려 정신이 가장 중요한 문제임에도 불구하고 외면했다는 혐의에서 벗어날 수 없다는 지적이다.

92

수명은 자신에게 달려 있다

설문청薛文淸이 말하였다. "사람이 평소에 야위고 말랐더라도 바로 조심하고 삼가서 모든 술과 여색 등 몸을 상하게 하는 일을 전부 다 감히 하지 않으면, 분명히 그 수명이 진실로 길게 될 수 있는 것이다. 만약에 평소에 몸이 건강하더라도 몸의 건강함만을 믿고서 몸을 상하게 하는 일을 멋대로 하면, 그 화가 서서 기다릴 수 있다. 이것은 또 어찌 수명이란 것은 비록 하늘에 달려 있는 것이나 수명을 통제하는 것은 자기에게 달려 있는 것이 아니겠는가?"

薛文淸曰: "人素羸瘠, 乃能兢兢業業,
설 문 청 왈 인 소 리 척 내 능 긍 긍 업 업

凡酒色傷生之事, 皆不敢爲, 則其壽固可延永矣. 如素強壯,
범 주 색 상 생 지 사 개 불 감 위 즉 기 수 고 가 연 영 의 여 소 강 장

乃恃其強壯, 恣意傷生之事, 則其禍可立待也. 此又豈非命雖在天,
내 시 기 강 장 차 의 상 생 지 사 즉 기 화 가 립 대 야 차 우 기 비 명 수 재 천

而制命在己歟?"
이 제 명 재 기 여

218 식색신언—식과 색에 대한 지혜의 문장들

【평설】 누가 봐도 골골하는 사람이 장수를 누리기도 하고, 더할 나위 없이 건강체질인 사람이 한순간에 건강이 한풀 꺾이거나 단명하기도 한다. 수명을 정해 준 것은 하늘이라지만 수명을 누리는 것은 사람에게 달려 있다. 건강함을 자임하여 함부로 몸을 필요 이상으로 혹사시키면 건강한 체질이라도 배겨 낼 수는 없다. 그와 반대로 허약하게 태어났더라도 자신의 몸을 지속적으로 관리해 나가면 오히려 애초에 건강했던 사람보다도 더 긴 수명을 누릴 수 있다. 장수는 타고난 수명에서 시작되고 지속적인 관리에 의해 완성된다.

93

두려운 세상살이

불경에 이른다. "아! 세상은 매우 두려울 만하다. 이곳이 속임수
여서 사랑할 만한 일이 없는 것은 마치 화병畵瓶에다 여러 가지
더러운 것과 독을 담은 것과 같고, 이곳이 넘기가 어려워서 스스
로 벗어날 수가 없는 것은 늙은 코끼리가 저 깊은 진흙탕에 빠
진 것과 같으며, 이곳이 자신을 불태우는 것은 마치 나는 나비가
밝은 촛불에 날아드는 것과 같고, 이곳이 두려운 것은 맹인이 깊
은 계곡에 임하는 것과 같으며, 이곳이 사람을 다치게 할 수 있
는 것은 날카로운 칼에 꿀을 발라 놓으면 어리석은 사람이 지혜
가 없어서 그것을 핥아서 그 맛을 구하는 것과 같고, 이곳이 모
든 선법善法을 없애서 남음이 없게 함은 마치 겁화劫火에 모든 것
을 태워 버리는 것과 같다."

經云: "咄哉世間, 甚可怖畏. 此處虛誑, 無有可愛, 猶如畫瓶,
盛諸穢毒. 此處難越, 不能自出, 猶如老象, 溺彼深泥.

此處自燒, 猶如飛蛾, 赴於明燭. 此處危懼, 猶如盲人, 臨於深谷.
차 처 자 소 유 여 비 아 부 어 명 촉 차 처 위 구 유 여 맹 인 임 어 심 곡

此處能傷, 猶如利刀, 塗之以蜜, 愚人無智, 舐而求味. 此處滅諸善法,
차 처 능 상 유 여 리 도 도 지 이 밀 우 인 무 지 지 이 구 미 차 처 멸 제 선 법

無有遺餘, 猶如劫火, 焚燒一切."
무 유 유 여 유 여 겁 화 분 소 일 체

【평설】 세상은 온통 두려운 것들이다. 속임수투성이어서 겉으로는 멀쩡하지만 속에는 더러운 것과 독들이 가득하다. 또, 온갖 관계와 이해 속에 얽혀 있어서 빠져나오기 쉽지 않다. 나는 나비가 불 속에 뛰어드는 것처럼, 맹인이 깊은 계곡에 서 있는 것처럼, 칼에 발라 놓은 꿀에 혀를 가져다 대는 것처럼 위험천만한 일들이 도처에 깔려 있다. 게다가 선법은 모든 것이 태워져 사라져 버리는 것처럼 남아 있기 힘들다. 아! 알고 보면 너무 두렵다. 두려운 줄 모른다는 것은 정말 두려워할 만한 일이다.

94

얄미운 삼시三尸

오장五臟의 신은 사람의 혼魂이 간장肝臟 속에 숨고 사람의 백魄이 폐장肺臟 속에 숨고 사람의 신神이 심장心臟 속에 숨고 사람의 정精이 신장腎臟 속에 숨고 사람의 의意가 비장脾臟 속에 숨었으니 만약에 사람이 욕심이 없게 되면 곧 정신은 안정되고 또 혼백은 맑게 되며, 의지는 안정되고 혼백은 편안하여서 정신이 잃는 대로 달려가지 않게 된다. 만약에 사람이 명리를 탐하게 되면 곧 정신은 피로하고 혼백은 탁하게 되며, 의지는 어지럽고 혼백은 흩어지게 되어서, 정신이 드디어 흩어져서 사라지게 된다. 무릇 사람이 편안하게 장수하는 것을 바라지 않는 것은 아니나, 날마다 응대하는 것에 정신이 점차로 쇠약해지면 삼시三尸와 구충九蟲이 나의 모적蟊賊乙이 된다. 이 때문에 단전丹田의 참된 것이 어지럽혀지는 것이니 정진精進하는 선비들은 반드시 시충尸蟲을 완전히 제거하면 오장의 신이 각각 그 직분을 편안하게 여기게 된다.

그러므로 『도인경』度人經에 말하기를, "오제五帝는 시위侍衛이고, 삼시는 바로 몸의 세 부분에 음란하고 혼탁하며 혼미하고 사악한 기운이니 상시上尸는 팽거彭踞인데 사람의 머리에 위치해 있고, 중시中尸는 팽지彭躓인데 사람의 창자에 위치해 있으며, 하시下屍는 팽교彭蹻인데 발에 위치해 있다. 무릇 사람들이 향락을 탐내고 여색을 탐하여 일체의 좋지 않은 것은 모두 시귀尸鬼가 시키는 것이다. 경신일庚申日이 되면 선관仙官 천조天曹[8]에게 가서 사람의 죄과를 말하되 조금도 빼놓지 않는다. 사람이 빨리 죽게 되면 저들은 기뻐서 깡총깡총 뛴다"라 하였다. 「고선」古仙 시에 이르기를 "세상의 모든 방법을 쓰더라도 소용없고 다만 단약만으로 삼시를 제거해야 한다"라고 했다.

五臟之神: 肝魂. 肺魄. 心神. 腎精. 脾意. 若人恬澹, 則神定魂淸,
오 장 지 신 간 혼 폐 백 심 신 신 정 비 의 약 인 염 담 즉 신 정 혼 청

意安魄寧, 精不走失. 若人躁競, 則神疲魂濁, 意亂魄散, 精遂潰耗.
의 안 백 녕 정 부 주 실 약 인 조 긍 즉 신 피 혼 탁 의 란 백 산 정 수 궤 모

夫人非不欲安而壽, 而日應酬, 神稍痿倦, 則三尸九蟲作我蠱賊.
부 인 비 불 욕 안 이 수 이 일 응 수 신 초 위 권 즉 삼 시 구 충 작 아 모 적

是以丹田之眞爲其所擾, 精進之士, 必尸蟲消絕, 五臟之神,
시 이 단 전 지 진 위 기 소 요 정 진 지 사 필 시 충 소 절 오 장 지 신

各安其職.
각 안 기 직

故『度人經』曰: "五帝, 侍衛也, 三尸乃人身三部陰濁昏邪之氣.
고 도 인 경 왈 오 제 시 위 야 삼 시 내 인 신 삼 부 음 탁 혼 사 지 기

上尸彭踞居人頭, 中尸彭躓居人腸, 下屍彭蹻居人足. 凡人嗜欲貪淫,
상 시 팽 거 거 인 두 중 시 팽 지 거 인 장 하 시 팽 교 거 인 족 범 인 기 욕 탐 음

種種不善, 皆尸鬼所使. 庚申等日, 詣天曹言人罪過, 毫發不遺,
종 종 불 선 개 시 귀 소 사 경 신 등 일 예 천 조 언 인 죄 과 호 발 불 유

欲人速死, 彼則欣躍."
욕 인 속 사 피 즉 흔 약

「古仙」詩曰: "窮盡世間無限法, 除非丹藥斬三尸."
고 선 시 왈 궁 진 세 간 무 한 법 제 비 단 약 참 삼 시

【평설】 도교에서는 삼시충三尸蟲이 사람의 몸속에 있다가 경신일 밤에 상제에게 올라가 인간의 죄과罪過를 고발한다고 보았다. 그러면 상제는 죄과에 따라 수명을 단축시킨다. 그래서 이것을 막기 위해 경신일 밤에 잠을 자지 않고 환하게 불을 밝혀 놓아 삼시충이 상제에게 알리지 못하게 하였다. 이것을 수경신守庚申이라 한다.

이 삼시三尸는 오장五臟의 안정성을 해치는 데에도 한몫을 한다. 여러모로 골치 아픈 존재다. 그런데 이 글에서 재미난 해석은 삼시가 향락을 탐하고 여색을 탐하는 등의 일체 좋지 않은 것을 배후 조정하고 있다고 본 것이다. 누구의 시인지 알 수는 없지만 이 시에서는 삼시를 단약을 써서 제거해야 할 것으로 보았다.

7 모적(蟊賊): 벼의 뿌리를 갉아먹는 벌레를 모(蟊), 줄기를 갉아먹는 것을 적(賊)이라 함. 곧 백성의 재물을 빼앗아 먹는 탐관오리를 비유한 말.
8 천조(天曹): 도교에서 사람의 공죄(功罪)에 따라 수명을 가감하는 권한이 있는 신(神)을 이르는 말.

95

음욕은 건강과 깨달음에 방해가 된다

현동자玄同子가 말하였다.

"선가에서는 정기精氣가 머물러 있음을 얻는다면, 곧 몸의 근본이 튼튼해서 생기가 날로 무성하게 된다고 한다. 만약에 정욕의 마음이 쉬지 않아서 영근靈根이 튼튼하지 못하게 되면 정기가 희박해지고 원기가 생기는 것이 날로 적게 되어 점점 다 없어져서 죽음에 이르게 된다."

선객禪客이 말하였다.

"만약에 음욕을 끊지 않고 선관禪觀을 배우려 한다면 모래를 삶아서 밥을 만드는 것과 같아서, 비록 백천 겁이 지나더라도 다만 뜨거운 모래가 될 뿐이고 밥이 될 수는 없는 것이다. 그래서 이 일은 모름지기 맑은 마음으로 생각을 끊는 데에 힘쓰도록 해야 한다."

玄同子曰: "仙家只要留得精住, 則根本壯盛, 生氣日茂. 若慾心不息,
현 동 자 왈   선 가 지 요 류 득 정 주   즉 근 본 장 성   생 기 일 무   약 욕 심 불 식

靈根不固, 則精薄而元氣之生日少, 漸漸竭盡, 以至於亡."
영 근 불 고 즉 정 박 이 원 기 지 생 일 소 점 점 갈 진 이 지 어 망

禪客曰:"若不斷淫慾而學禪觀, 猶蒸砂爲飯, 雖百千劫, 只名熟砂,
선 객 왈 약 불 단 음 욕 이 학 선 관 유 증 사 위 반 수 백 천 겁 지 명 숙 사

不得爲飯. 然此事須在淸心絶念上下工夫."
부 득 위 반 연 차 사 수 재 청 심 절 념 상 하 공 부

【평설】 두 사람의 이야기를 담고 있다. 음욕의 마음이 있으면 정기精氣는

드물어지고 원기元氣는 날마다 적어져서 끝내 죽음에 이르게 된다. 이것

은 건강상의 문제다. 음욕을 끊지 않고 깨달음에 이르려고 하면 모래를 삶

아서 밥을 만드는 것과 같으니, 깨달음이 불가능하다는 것이다. 이것은 깨

달음의 문제다. 결국 음욕은 건강에도 깨달음에도 해롭다는 말이다.

96

정욕은 하지에는 절제하고 동지에는 금지해야 한다

관중關中의 은사隱士 낙경도駱耕道가 항상 말한다.

"수양하는 선비는 마땅히 월령을 써서 좌우에다 두고, 하지에는 마땅히 기욕을 절제하여야 하고 동지에는 마땅히 기욕을 금지하여야 한다. 대개 일양一陽이 처음 발생했을 때에는 그 기운이 미약해서 마치 초목이 싹이 나면 쉽게 피해를 입는 것과 같다. 그러므로 마땅히 금지해야지 절제만 해서는 안 된다. 또 기욕은 춘하추동 사시에 모두 사람을 해치게 하는 것이지만, 다만 동지와 하지는 음과 양이 다투는 시기이니 더욱 사람을 손상시키는 것이다."

關中隱士駱耕道常言, 修養之士, 宜書月令置諸左右, 夏至宜節嗜慾,
관중 은사 낙경도 상언 수양지사 의서월령치제좌우 하지의절기욕
冬至宜禁嗜慾. 蓋一陽初生,
동지의금기욕 개일양초생
其氣微矣. 如草木萌生 易於傷伐 故當禁之 不特節也.
기기미의 여초목맹생 이어상벌 고당금지 부특절야
且嗜慾四時皆損人 但冬夏二至 陰陽爭之時 尤損人耳
차기욕사시개손인 단동하이지 음양쟁지시 우손인이

【평설】이 글은 허균許筠의 『한정록』 제15권과 홍만선의 『산림경제』山林經濟에도 실려 있다. 원 출전은 『지비록』知非錄이다. 동지와 하지는 음양이 다투는 시기이니 동지에는 기욕을 금지하고 하지에는 절제해야 한다고 했다. 동지에 여색을 금하라는 이야기는 여러 군데에 보인다. 『예기』「월령」月令에 이르기를, "중동仲冬의 달에는 해의 길이가 가장 짧다. 이때에는 음과 양이 서로 다투어 여러 생물들의 생동하는 기운이 속에서 꿈틀댄다. 그러므로 군자는 재계齋戒하여 거처함에 있어서는 반드시 몸을 숨겨 자신의 몸을 편안하게 한다. 그리고 성색聲色을 가까이하지 않고 기욕嗜欲을 끊어 몸과 마음을 안정시켜서 일을 고요히 한다. 그러면서 음과 양의 기운이 안정되기를 기다린다"라 하였고, 또 『사민월령』四民月令에서도 "동지 전후 각 5일간은 부부관계를 하지 않는다"고 하였다.

---

9 일양(一陽)이 처음 발생: 동지는 한 해가 시작되는 시점으로, 지난해의 음기(陰氣)는 끝이 나고 새로운 양기(陽氣)가 싹트는 절후이므로 "일양이 처음 발생한다" 한 것이다. 『주역본의』(周易本義) 복괘(復卦).

풍사를 막는 법

몸과 마음이 청정하면 내주[10]가 조밀해져서 (외사外邪의 침입을) 막으므로, 풍사와 심한 병독이 있더라도 몸을 상하게 할 수는 없다.

清淨則內腠閉拒, 雖大風苛毒, 弗之能害.
청 정 즉 내 주 폐 거 수 대 풍 가 독 불 지 능 해

【평설】 이 글은 『황제내경』黃帝內經에 나온다. 풍사風邪는 모든 병의 근원이 된다. 이 풍사를 막는 데에 특별한 방법이 있는 것이 아니다. 그저 몸과 마음을 청정하게 가지면 그뿐이다.

---

10 내주(內腠): 다른 곳에 육주(肉腠)라 나오며, 육주는 기주(肌腠), 육분(肉分)이라고도 부름. 근육의 무늬(결)를 말한다. ※ 근육조직의 틈에 해당된다고 본다.

내 몸을 가꾸는 대장부의 삶

여순양呂純陽이 이른다.

"홀로 높은 봉우리에 올라가서 팔방을 바라보니 먹구름은 흩어져 사라지고 달은 도리어 외로이 떠 있네. 아득한 우주에는 사람이 수없이 많지만, 사내대장부라 할 사람 몇이나 될까."

"아들을 키워서 나처럼 될 때에, 내 몸은 마르고 초췌하고 아들은 생기가 넘치네. 대대손손 항상 이와 같으니, 차라리 조심해서 자신의 몸을 가꾸는 것이 낫다."

呂純陽云 : "獨上高峰望八都, 黑雲散盡月還孤. 茫茫宇宙人無數,
여 순 양 운   독 상 고 봉 망 팔 도 흑 운 산 진 월 환 고 망 망 우 주 인 무 수
幾個男兒是丈夫." "養得兒形似我形,
기 개 남 아 시 장 부   양 득 아 형 사 아 형
我身枯悴子光精, 生生世世常如此, 爭似留神養自身."
아 신 고 췌 자 광 정 생 생 세 세 상 여 차 쟁 사 류 신 양 자 신

【평설】 여동빈呂洞賓(798~?)은 당나라 하중河中 사람으로 이름은 암嵒 또는

嵒이고, 자가 동빈인데, 자로 알려졌다. 호는 순양자純陽子이고, 회도인回道人이라 자칭했다. 종남산終南山에서 수도한 팔선八仙의 한 사람으로 전해진다. 나중에 신선이 되어서 올라갔다고 한다. 민간에 전해 내려오는 이야기로 "개가 여동빈을 보고 짖다니, 좋은 사람을 몰라본다"狗咬呂洞濱, 不識好人心라는 것이 있다. 동물도 알아볼 정도로 유명한 사람이었으니 그를 모르는 사람이 없었다.

첫번째 시는 「자영」自詠이란 제목이다. 여동빈이 악양루에 올라서 이 시를 읊었다. 현실을 훌쩍 뛰어넘는 호쾌함이 인상적이다. 여동빈은 과거에는 떨어졌지만 신선이 되었다. 두번째 시는 「절구」絶句라는 제목이다. 자식을 키우며 소모적인 삶을 사느니 자신의 몸을 수양하는 삶을 살라는 권면을 담았다. 두 편의 시는 현실의 삶에 매몰되기보다 뛰어넘기를 주문하고 있다. 여기에 직접 언급되지는 않지만 식색食色의 욕망에서 자유로워야 한다는 언외言外의 의미도 있는 셈이다.

99

기욕을 물리치면 정신이 저절로 밝아진다

양명陽明 선생 왕수인王守仁이 말하였다.

"술 마시는 것을 끊고 담백한 음식을 섭취하면 곧 기氣가 저절로
맑아지고, 쓸데없는 생각을 적게 하고 기욕嗜欲을 물리치면 곧
정신이 저절로 밝아지며, 심기를 안정시키고 잠을 적게 자면 곧
정신이 저절로 맑아진다."

陽明先生曰: "絕飲酒, 薄滋味, 則氣自淸; 寡思慮, 屛嗜欲, 則精自明;
定心氣, 少眠睡, 則神自澄."

【평설】 이 글은 이락李樂의 『견문잡기』見聞雜記에 나온다. 술을 끊고 담백
하게 먹고 잡생각 안 하고 향락을 탐내지 않고, 마음을 차분하게 하고 잠
을 적게 자라. 그러면 기는 맑아지고 정신은 밝아지고 맑아진다. 결론은
무언가 끊고 줄여야 몸도 정신도 화평해진다는 것이다.